사례를 통해 이해하는

특별한 아이의 마음 읽기

김은실 저

학지사

'사례를 통해 이해하는 특별한 이이의 마음 읽기'는 그동안 필자가 만나 온 특별한 아이들의 행동의 심리적 원인을 사례를 통해 소개한 글이다. 필자가 심리학을 전공하고 졸업해서 처음 직장을 얻은 곳이 서울의 한 자폐아 교육센터였다. 자폐아라는 생소한 단어를 듣고 호기심으로 시작한 일이었다. 하지만 호기심만으로는 처음 만나는 특별한 아이들의 행동을 이해하기 어려웠고, 그 아이들의 마음을 이해하기는 더욱 어려웠다. 무수한 시행착오를 통해 특별한 아이들을 잘 이해할 수 있었지만 그 과정에서 필자의 무지로 인해 상처를 받거나 힘들었던 아이들이나 그 가족들이 있었을 것이다.

많은 사람은 '특별하다'는 것을 '부족하다' 혹은 '틀렸다'라는 시각으로 바라본다. 물론 필자도 처음 이들을 만났을 때, 특별한 아이들은 '부족하다' 혹은 '틀렸다'라는 생각을 가지고 있었다. 그래서 사회적으로 바람직하지 않은 행동은 바람직한 행동으로 바꾸려 하고, 사회성이나 언어능력이 부족하면 그 능력을 더욱더 키우려고 하였다. 즉, 그들의 장점이나 강점보다는 약점이나 장애만을 바라보며 사람의 행동에는 나름대로 이유가 있다는 사실을 알지 못하고 겉으로 보이는 행동만 바꾸려고 하였던 것이다. 하지만 모든 사람의 행동에 유발 원인이 있듯이 그들의 행동에도 유발 원인이 있다는 것을 깨닫고 특별한 아이들의 행동의 심리적 원인을 찾기 시작했다. 그러자 놀라운 일들이 일어났다. 이해되지 않던 아이들의 행동이, 즉 장애라는 틀에 갇혀 제대로 보지 못했던 행동들이 이해되기 시작했고, 특별한 아이들이 나와 같은 욕구를 가지고 있으며, 그 이유가 각각 다르다는 것을 알게 되었다.

누구나 자신의 삶의 가치관이나 방향을 바꾸는 전환기를 맞이하는데, 필자에게도 많은 전환기가 있었다. 그중에서 가장 큰 전환기는 바로 이 특별한 아이들을 만난 때였다. 그 아이들은 세상을 나만의 눈이 아니라 다른 사람의 눈으로 바라보며, 나뿐 아니라 다른 사람도 함께 살아가고 있다는 것을 알려 주었다.

이 책은 필자의 상담 경험을 통하여 알게 된 특별한 아이들의 행동의 이유에 대해 소개하였다. 즉, 장애 유형으로 아이들의 행동을 바라보기보다는 아이들이 가진 각각의 심리적 욕구나 감정들을 통해 이들의 행동을 이해하기 쉽게 설명해 보려고 하였다. 그래서 특별한 아이들을 만나는 부모, 교사, 상담자, 그리고 특수교육을 공부하는 사람들에게 이들의 마음과 행동을 잘 이해하는 데 도움이 되고자 하였다. 기존에 '특별한 아이들의 마음 읽기'로 출간되었던 것에 필자의 상담 경험임을 강조하기 위해 부제를 붙였다.

이 책의 제1부에서는 특별한 아이들의 행동의 원리에 대해 소개하였고, 제2부에서는 각 장애에 따른 특징과 각 사례를 통해 일상에서 흔히 볼 수 있는 특별한 아이들의 다양한 행동의 이유를 소개하였다.

이 책의 주인공들은 실제 필자가 만났던 아이들이다. 그들이 필자에게 준 많은 것에 감사하며, 다시금 그들과 그 가족에게 감사를 전한다.

2017년
저자 김은실

차 례
c o n t e n t s

제1부

특별한 아이들

몸과 마음, 정신, 능력을 모두 갖춘 완벽한 아이는 없으며,

부모의 모든 희망과 기대를 충족시키는 아이도 없다.

그렇지만 아이들은 누구나 각자의 완전함을 가지고 있다.

그 완전함이란 아이마다 독특하고 가능성과 한계로 이루어져 있으며

이는 성공을 위한 기회로 작용한다.

프레드 로저스

특별한 아이들이란

'특별하다'는 '틀렸다'가 아니라 '다르다'는 의미다.

우리 주변에는 특별한 아이들(special children)이 참 많다. 특별하다는 것은 일반적이고 평범하지 않다는 의미다. 하지만 우리는 자주 '특별한'의 의미를 '정상에서 벗어난'으로, '특별한 아이들'을 사회나 교육 현장에서 '장애아'라는 의미로 사용한다. 그래서 우리는 특별한 아이라는 말을 들으면, 지적 장애, 신체장애, 자폐성장애, 발달장애, 정서장애 등 일반적으로 장애아를 떠올리게 된다.

'특별한 아이들(special children)'과 '장애아(children with disability)'라는 말은 그 속에 담긴 철학적 의미가 다르다. 특별한 아이는 '다르다', '구별된다'라는 의미가 내포되어 있고, 여기에는 '좋다' 또는 '나쁘다'의 의미는 내포되어 있지 않다. 하지만 장애아는 '능력이 없는', '능력이 부족한'의 의미가 내포되어 '좋다' 또는 '나쁘다'의 의미가 내포되어 있다. 즉, 두 용어는 우리에게 특별한 아이의 다양한 행동을 단지 다르다는 관점으로 바라보고 이를 수용하고 이해할 것인지, 부족하고 나쁘다는 관점으로 바라보고 수정하려 노력할 것인지를 결정하게 한다.

특별한 아이란 아이가 가진 독특한 인지적·심리적·행동적 특성이 다른 아이와 달라 자립 생활, 의사소통, 사회 적응, 대인 관계 등 적응의 어려움을 가지는 아이를 말한다. 예를 들어, 자폐 성향을 가진 특별한 아이란 자폐라는 타고난 특성 때문에 대인 관계에 어려움을 가지는 아이를 말한다. 지적 장애를 가진 특별한 아이는 지적 발달의 어려움으로 학습이나 사회생활에서 다소 어려움을 가지는 아이를 말한다.

그리고 타고난 능력은 있지만 환경이나 그 아이의 경험에 의해 사회·문화의 규칙을 잘 따르지 못하는 아이도 특별한 아이에 속한다. 가령, 경계선 지능을 가진 아이는 지적 장애에 속하지 않지만, 가정과 학교에서 이들의 미성숙한 행동 때문에 비난과 부정적인 피드백을 받게 되면, 앞으로 화나 위축, 불안과 같은 심리적 어려움을 경험할 가능성이 높아진다. 이로 인해 친구에게 자주 화를 내거나, 사람 만나는 것을 피하거나, 자신감의 부족으로 새로운 일이나 활동에 참여하지 않을 수도 있다. 이처럼 자신의 발달 수준에 맞지 않는 기능, 능력, 사회적 측면에서 어려움을 보이는 아이도 특별한 아이에 속한다.

그렇다면 영재아도 특별한 아이에 포함될까?

많은 사람이 이런 의문을 가진다. 특별한 아이의 정의가 '보통에서 벗어난'이라는 의미로 사용되면 영재아도 특별한 아이에 해당된다. 서양에서는 이들도 특별한 아이의 범주에 포함하여 이들만을 위한 특수 교육과 서비스를 제공하고 있다. 그러나 우리나라에서는 아직 영재아는 특수아라기보다는 특별한 능력을 가진 '우수한 아이'라고 받아들이는 경우가 더 많다.

그래도 이들이 가지는 인지적 · 심리적 특성은 보통 지능을 가진 아이와는 다소 다르다. 그러다 보니 "집중을 못하고 산만해요", "이해가 부족한 것 같아요", "선생님이 질문하는 것에 엉뚱한 대답을 해요", "혹시 자폐가 아닌가요? 무언가에 열중하면 불러도 쳐다보지 않아요", "아이들과 대화를 유지하지 못하고 자신의 이야기만 해서 아이들과 사이가 안 좋아요" 등과 같은 적응의 어려움을 호소하기도 한다. 일반 교육 환경에서 문제로 인식되는 이런 행동들은 간혹 영재아의 인지 및 심리적 특성 때문에 생기기도 한다. 그래서 이들의 특성을 이해하지 못하면 영재아를 문제아로 인식할 수도 있다.

동훈(6세)이는 유치원에서 선생님의 말에 집중을 못하고 주의가 산만하다는 이유로 상담소를 찾았다. 심리검사에서 동훈이는 지능이 142로 영재로 판별되었다. 동훈이는 어린 시절부터 과학 서적 읽기와 그림 그리기를 좋아하였고, 한번 책을 읽거나 그림을 그리면 몇 시간씩 집중하여 자리를 떠나지 않았다. 또 다른 아이들이 관심을 보이지 않는 물건이나 장난감의 세부적인 부분에 관심을 보여 특이하다는 이야기를 자주 들었다.

    동훈이와 같은 영재아는 기억력과 주의 집중력이 뛰어난 경우가 종종 있다. 그래서 간혹 한 곳에 집중하면 어머니의 목소리나 친구들이 부르는 소리가 들리지 않기도 한다. 이런 모습 때문에 자폐 성향이나 주의력 결핍을 가진 아이로 오인받기도 한다. 다음의 동훈이 그림은 영재아가 보이는 세부적인 것에 대한 관심과 기억을 잘 나타내고 있다.

특별한 아이도
우리와 같은 마음을 가졌다

영진이는 매일 교실의 똑같은 장소에 앉아서 손뼉을 치거나 동그란 모양의 물건을 흔든다. 다른 사람이 옆에서 큰 소리로 불러도 반응이 없다가 멀리서 들리는 과자 봉지 소리에 자지러지게 놀라 울기도 한다.

영진이의 행동은 분명 쉽게 이해할 수 없다. 그래서 우리는 '특별한 아이는 다르다'라고 생각한다. 이 말은 어떤 측면에서는 맞는 말이지만 다른 측면으로는 틀린 말이다. 왜냐하면 특별한 아이도 다른 아이가 가지고 있는 것과 똑같이 욕구, 생각, 감정을 가지고 있기 때문이다. 좀 더 정확하게 표현하면, '특별한 아이는 다른 아이와 비슷한 생각이나 감정을 가지고 있지만 그것들이 아이가 가지고 있는 특성과 환경에 따라 독특하게 표현되기 때문에 다르게 보인다'라고 해야 한다.

'아는 만큼 보인다'라는 말처럼 특별한 아이가 하는 행동도 그 아이의 마음을 아는 만큼 보인다. 특히 '백인백색(百人百色)'이라는 말처럼 특별한 아이를 이해하기 위해서는 획일적인 이론이나 관점이 아닌 아이가 가진 고유한 특성과 환경을 충분히 고려해야 한다.

그러나 안타깝게도 많은 사람은 자신이 이해할 수 없는 행동은 잘못되었다고 생각하는 경향이 있다. 특히 특별한 아이의 특정 행동을 이해하지 못하면 그 행동을 문제 행동이라고 생각하고 더 이상 그 행동의 이유에 대해서는 관심을 보이지 않는다.

영진이의 예처럼 자폐 성향을 가진 아이가 파란 자동차를 바닥에 굴리며 바퀴만 두 시간째 바라보고 있으면 대부분 사람은 이 행동을 상동 행동이나 특정 사물에 대한 집착으로만 생각한다. 또 지적 장애를 가진 아이가 다른 사람의 말을 무조건 따라하면 아이가 언어 발달 단계에서 나타나는 모방 행동으로 생각하기보다는 앵무새처럼 따라하는 의미 없는 반향어라고 생각하여 아이의 말에 관심을 가지지 않는다.

사람은 많은 정보를 범주화하려는 특징이 있다. 범주화는 사물이나 상황을 같은 속성끼리 묶는 인지적 과정이다. 무수한 정보와 자극을 같은 속성끼리 묶어 정보를 간단하게 요약할 수 있으며, 모호한 것에 신속하게 대처할 수 있다는 장점이 있다. 하지만 범주화가 너무 단순화되어 지나치게 일반화되면 고정 관념이나 공정하지 못하고 한쪽으로 치우쳐 편견이 되기도 한다. 그 예로, '뚱뚱한 사람은 미련하다', '경상도 남자는 무뚝뚝하다' 등을 들 수 있다.

특별한 아이의 경우에는 아이가 장애 진단을 받는 순간, 장애라는 고정 관념과 편견에 갇힌다. '장애인은 평생 남의 돌봄을 받아야 한다', '장애인은 무능력하다', '장애아는 이상하다'와 같은 생각은 우리가 특별한 아이에 대해 가지는 흔한 고정 관념과 편견 중 하나다. 특별한 아이를 가까이 접하지 못한 사람은 물론 이들과 함께 생활하는 교사나 부모도 특별한 아이에 대한 고정 관념과 편견을 가지고 있는 경우도 많다. 이런 고정 관념과 편견은 특별한 아이를 진정으로 이해하는 데 또 다른 장해가 된다.

특별한 아이의 부모들과 결혼이라는 주제로 토론을 한 적이 있다. 토론에 참석한 대부분의 부모는 아이가 성인이 되어도 결혼 생활을 유지할 수 없을 것이라고 생각하였다. 그래서 아이가 결혼을 원하고 결혼 대상자가 있어도 결혼을 시키지 않겠다며 장애인의 결혼에 강한 부정적 반응을 보였다. 그 이유는 아이가 경제적으로 스스로 한 가정을 꾸려갈 수도 없지만, 자식을 키울 수 있는 능력이 없기 때문이라고 하였다. 실제로 많은 부모는 특별한 아이가 결혼 생활을 유지하지 못할 것이라는 편견을 가지고 있다. 하지만 주변에 결혼한 장애인들을 보면, 어느 부모 못지않게 자식을 사랑으로 키우고 성공적으로 결혼 생활을 하는 모습을 볼 수 있다. 이들을 보면서 누군가와 함께하고자 하는 마음과 자식을 돌보며 키우는 것은 지능이나 장애와는 관련이 없는 인간의 가장 기본적인 본능이라는 생각을 하게 된다.

특별한 아이의 행동에는 장애 특성으로 인한 '특수성'도 있지만 모든 사람이 가지는 '보편성'도 있다. 특별한 아이를 이해하기 위해서는 특수성과 보편성을 모두 이해할 필요가 있다. 하지만 많은 사람은 아이가 가지고 있는 보편성보다는 장애라는 특수성을 먼저 바라본다. '자폐 성향을 가진 아이는 사회성이 없다'와 같은 특수성이라는 안경을 통하여 아이를 바라보면 아이가 제대로 보이지 않는다. 즉, 김은실이 보이는 것이 아니라 자폐아 김은실, 지적 장애 김은실이 보일 뿐이다.

사람들은 특수아 상담을 하는 필자에게 특별한 아이를 지도하고 상담하는 특별한 방법에 대해 물어오곤 한다. 필자가 특별한 방법이 없다고 하면 실망한 얼굴로 돌아선다. 하지만 정말 특별한 방법은 없다. 굳이 방법을 말하라면, 보편성이라는 관점에서 아이를 먼저 이해한 후, 각각의 아이들이 가지고 있는 개인차, 즉 성격, 지적 능력, 독특한 환경, 기질 등을 고려하는 것이다. 그런데 이 방법은 다른 아이들을 상담하는 방법과 똑같다. 따라서 특별한 아이의 행동을 모든 아이가 보이는 보편성을 통해 먼저 이해하는 것이 중요하다.

행동의 보편성

행동에는 반드시 이유가 있다

아이의 행동에는 반드시 그 이유가 있다. 아이의 행동은 아이가 환경과 상호 작용한 결과다. 여기서 '아이'란 아이의 생각, 감정, 욕구, 경험의 총체를 말하며, '환경'은 아이를 둘러싼 주변 사람이나 물리적 환경을 의미한다. '상호 작용'은 아이가 가진 생각, 감정, 욕구, 경험을 바탕으로 자신을 둘러싼 환경을 적극적으로 해석하고 이에 따라 자신의 행동을 결정한다는 의미다. 가령, 다른 사람들에게 말을 하지 않는 아이가 있다고 가정하자. 이 아이는 다른 사람에게 이야기를 할 때마다 비난을 듣는 경험을 지속적으로 하였다. 그러면 아이의 마음에는 '나는 말하면 다른 사람에게 비난을 받을거야'라는 두려움이 생기게 된다. 그리고 아이는 다른 사람 앞에서 말하지 않는 행동을 선택할 것이다. 말해서 비난받기보다는 말하지 않고 비난받지 않는 것이 낫다고 생각하기 때문이다. 이처럼 아이의 대부분의 행동은 자신이 처한 환경 안에서 자신의 생각, 감정, 욕구를 가장 잘 표현하는 방식이다(김은실, 손현동, 2011).

아이는 환경에 영향을 받지만 환경에 수동적으로 반응하는 존재는 아니다. 아이는 환경에 적응하도록 가장 최선의 방법을 찾는 능동적인 존재다. 같은 환경에 처해도 아이마다 행동이 다른 이유가 바로 이 때문이다. 가령, 부모로부터 똑같이 학대를 받아도 한 아이는 불안이나 우울을 경험하지만, 다른 아이는 이를 발판으로 성장하기도 한다. 이는 아이가 환경에 수동적으로 반응하기보다는 그 환경을 이겨내기 위한 적극적인 노력을 하였기 때문이다.

필자는 자녀가 둘 있다. 큰아이는 남자아이이고 작은아이는 여자아이다. 두 아이의 행동과 성격이 전혀 달라서 보는 사람마다 신기해한다. 성별의 차이나 출생 순위 때문이라고 생각할 수도 있지만 그 차이만으로 설명하기에는 두 아이의 행동은 정말 다르다. 동일한 양육 환경에서 자랐지만 두 아이는 부모에게 사랑받기 위해 자신에게 맞는 최선의 방법을 적극적으로 선택하면서 전혀 다른 성격의 아이가 되었다. 한번은 아이들을 훈육할 일이 있어서 두 아이를 조용히 방으로 부른 적이 있었다. 훈육이 다 끝나자, 큰아이는 다소곳한 자세로 앉아 "예, 알겠습니다"라고 대답을 하였고, 작은아이는 "엄마, 미워. 이젠 엄마랑 말도 안 할거야"라며 방을 나가 버렸다. 두 아이는 필자의 훈육에 다른 행동을 보였다. 그런데 이처럼 두 아이가 다른 행동을 했지만 두 아이 모두 부모의 훈육을 더 이상 받지 않아도 되는 똑같은 이득을 얻었다. 큰아이는 "예"라고 대답해서 부모가 더 이상 말할 필요가 없었고, 작은아이는 상대방에게 도리어 화를 내 엄마의 훈육 방식이 자신에게는 적절하지 않다는 것을 알려서 더 이상 훈육을 받지 않았던 것이다. 결국 어느 순간 두 아이에 대한 필자의 훈육 태도도 바뀌었다. 즉, 환경에 적극적으로 대처한 아이의 행동이 부모라는 환경을 바꾼 것이다.

이런 행동의 원리는 특별한 아이에게도 적용된다. 특별한 아이의 행동도 환경과 상호 작용한 결과다. 지금 아이가 하고 있는 행동은 아이가 가진 장애 유형, 지적 능력, 성격, 기질, 욕구 등 여러 가지 요인이 아이가 처한 환경 내에서 가장 최선의 방식으로 표현된 것이다.

지적 장애를 가진 경수(초등학교 4학년)는 짝이 자신을 괴롭힌다고 그 친구를 심하게 물었다.

자폐 성향을 가진 영진(초등학교 1학년)이는 백화점에 가면 너무 심하게 떼를 쓴다.

경수가 친구를 무는 행동은 일단 부적절한 행동이다. 하지만 언어 표현이 서툴러 자신을 괴롭히는 친구에게 하지 말라고 말할 수 없는 경수에게는 더 이상 친구에게 당하지 않으려면 상대방이 공격하면 자신도 공격하는 것이 최선이었던 것이다. 그리고 영진이의 떼쓰는 행동도 자신이 원하는 것을 얻기 위한 최선의 행동이다. 평소에 가정에서는 자신의 요구를 잘 들어주지 않지만 백화점이나 마트에서 떼쓰면 어머니가 자신의 요구를 들어주었던 경험을 통해 영진이는 자신이 원하는 것을 얻기 위해 떼쓰기를 선택한 것이다. 이처럼 대부분의 아이의 문제 행동이나 부적응 행동도 그 환경에서의 적응 행동이라는 생각이 들면, 떼쓰고 상대방을 물 수밖에 없는 아이의 마음이 느껴진다. 물론 친구를 물거나 떼쓰는 행동을 묵인하라는 것은 아니다. 떼쓰고 물 수밖에 없는 아이의 마음을 먼저 이해하라는 의미다.

선호는 유치원에서 아이들을 할퀴고 문다. 선호는 아직 말을 하지 못해 자신의 생각을 친구들에게 말로 전달할 수 없다. 그래서 친구들이 자신을 귀찮게 하면 자리도 피하고 울기도 하지만 그래도 친구들은 자꾸 귀찮게 한다. 그래서 선호는 친구가 다가오면 먼저 친구를 할퀴고 문다. 하지만 선호의 선생님은 그 이유를 선호가 친구의 아픔을 잘 모르기 때문이라고 생각했다. 그래서 선호에게 친구의 아픔을 똑같이 느껴보라고 선호가 친구를 물 때마다 선생님도 선호의 팔을 똑같이 물어 주었다.

선생님의 바람처럼 선호는 다른 친구를 물지 않았을까? 선호는 더 이상 친구를 물지 않았지만 누군가 다가오면 밀었다. 선생님의 생각처럼 선호는 친구를 물면 친구가 아프다는 것을 모를 수 있다.

선호에게는 친구의 아픔을 이해할 만한 여유가 없다. 친구들이 귀찮게 해서 자신이 아프고 힘들기 때문이다. 선호가 선생님의 생각처럼 더 이상 친구를 물지 않는다고 해도 아마 그것은 친구의 아픔을 이해해서라기보다 선생님이 자신을 무는 것이 아프기 때문일 것이다. 무작정 아이를 혼내거나 부적응 행동을 없애려고 하기 전에 아이가 그 행동을 할 수밖에 없는 이유를 먼저 찾아보자.

친구 때리기, 소리 지르기, 자해 행동, 울기, 떼쓰기, 수업 시간에 돌아다니기, 상동 행동, 거짓말, 도벽 등 특별한 아이가 하는 대부분의 부적응 행동은 그 환경에서 아이가 할 수 있는 최선의 행동인 경우가 많다. 그래서 이것은 부적응 행동 이전에 아이가 자신의 생각과 감정, 욕구를 표현하는 일종의 신호다. 아이가 수업 시간에 돌아다니는 것은 지금 수업이 지루하고 이해할 수 없다는 신호이며, 아이가 우는 것은 지금 자신은 속상하고 슬프다는 신호다. 또한 거짓말은 상대방에게 사실대로 이야기하는 것이 두렵다는 신호다.

지적 장애를 가진 철민이는 부모의 지갑에서 몰래 돈을 가져가는 습관이 있다. 처음에 철민이의 부모는 철민이가 지갑에서 돈을 가져갔을 때, 철민이에게 도둑질은 나쁜 것이라는 것을 확실히 알려주기 위해 철민이를 경찰서에 데려갔다. 경찰서에서 철민이는 다시는 도둑질을 하지 않겠다고 약속하였다. 그런데 1주일 뒤, 철민이는 또 어머니의 지갑에서 만 원을 꺼냈다. 이번에도 철민이는 호되게 야단을 맞았다. 그런 후 얼마되지 않아 이번에는 철민이가 다른 사람의 지갑에서 돈을 가져갔다.

철민이 부모는 철민이가 지갑에서 돈을 가져가는 이유에 대해서는 관심이 없다. 다만, 철민이에게 다른 사람의 돈을 가져가는 것이 나쁘다는 것을 알려 주고 다시는 다른 사람의 돈을 가져가지 않게 하는 것에만 관심이 있다. 도벽은 나름대로 이유가 있다. 철민이 부모는 철민이가 지적 장애가 있어서 게임이나 TV에 빠지면 절제를 못할 것이라는 이유로 컴퓨터나 TV를 금지하였다. 그래서 철민이는 학교가 끝나면 학원이나 과외를 하면서 대부분 시간을 보냈다. 그러던 어느 날, 학교 문방구 앞에 있는 게임기로 게임을 하는 아이들을 보았다. 한참을 뒤에서 구경하다가 그 재미에 학원을 빠진 적도 있었다. 그리고 자신도 하고 싶은 마음에 부모의 돈을 가져가기 시작하였다.

철민이가 몰래 돈을 가져간 이유는 게임을 하기 위해서다. 매일 학교와 학원을 왔다 갔다 하는 철민이에게 게임은 재미와 흥미를 준다. 철민이의 도벽을 없애기 위해서는 철민이 행동을 엄하게 처벌하기에 앞서 철민이에게 재미를 줄 수 있는 다른 놀이를 제공해야 한다.

행동의 유발요인: 환경적 요인

특별한 아이의 행동을 유발하는 원인에는 환경적 요인과 개인 내적인 요인이 있다. 환경적 요인은 아이의 행동을 유발하는 날씨, 소리, 시각적 자극, 사람, 상황, 장난감 등이 모두 해당된다. 이 요인들은 특별한 아이의 행동에 무시할 수 없는 이유가 된다. 특히 감각과 지각이 다른 아이들에 비해 예민한 자폐 성향을 가진 아이에게는 환경적 요인이 부적응 행동을 유발하는 경우가 많다. 예를 들어, 멀리서 들려오는 공사장 소음이 너무 괴로워 손으로 귀를 막거나 이상한 소리를 내서 소음을 차단하기도 하고, 날씨가 더우면 교실이나 집 밖에서도 바지를 모두 벗고 다니기도 한다. 한 아이는 변기의 물 내리는 소리나 청소기 소리가 들리면 소리를 지르며 자신의 머리를 손바닥으로 때리곤 했다. 지금은 감각통합 교육을 통해 화장실 물 소리에 대한 예민함이 사라졌지만, 한동안 그 아이의 가족은 화장실을 사용하고도 물을 내리지 못한 적도 있었다.

자폐 성향을 가진 민수는 오후가 되면 갑자기 수업 시간에 소리를 지르고 물건을 던졌다. 선생님은 아이가 지루해서 화를 냈다고 생각하고 재미있는 그림책을 주었지만 민수의 행동은 사라지지 않았다. 어느 날 오후가 되자 너무 더워서 에어컨을 켰는데, 아이가 행복한 표정을 지으며 소리를 지르고 짜증을 내지 않았다. 나중에 알고 보니, 5월이 되고부터 낮에 기온이 올라가면서 아이가 더워서 짜증을 냈던 것이다.

민수처럼 특별한 아이는 의사소통이 어려워 자신의 의견이나 생각을 정확하게 타인에게 표현하지 못하는 경우가 많다. 그래서 손으로 귀를 막거나 머리를 바닥에 박는 자해 행동이나 소리를 지르고 심하게 우는 행동을 통해 자신의 생각이나 기분을 다른 사람에게 표현한다.

아이의 행동은 자신의 감정이나 생각을 다른 사람에게 전달하는 일종의 신호다. 그래서 아이가 이유 없이 짜증이나 화를 내고 있다면, 아이가 상대방에게 무언가를 전달하기 위한 것이라고 생각하고 일단 그 이유를 찾는 것이 중요하다. 지루한 수업 시간, 돌아가는 선풍기, 책상 끄는 소리, 선생님의 큰 목소리, 다양한 자극이 가득한 교실, 자신이 좋아하는 뽀로로 인형 등은 아이의 행동을 유발하는 환경적 요인들이다. 아이가 이해할 수 없는 행동을 한다면 아이의 행동을 제지하기 전에 먼저 환경적 요인들을 살펴보아야 한다.

행동의 유발요인: 개인 내적인 요인

특별한 아이의 행동을 유발하는 개인 내적인 요인으로는 생각, 감정, 욕구가 있다. 그중에서 생각과 감정은 아이의 행동을 유발하지만 일차적인 유발 요인은 아니다. 우리의 생각과 감정은 욕구의 좌절과 충족에 따라 발생하는 이차적인 유발 요인이다. 예를 들어, 배가 고픈 아이가 있다고 가정해 보자. 배고픔 자체는 생각이나 감정을 만들지 않는다. 하지만 밥을 먹어서 배고픔이 사라지면 아이는 행복을 느낄 것이다. 그리고 자신에게 밥을 준 사람을 좋은 사람이라고 생각하고 그 사람에게 좋은 감정을 가질 것이다. 반면에 배가 고프지만 수업 시간이라 밥을 먹을 수 없다면, 아이는 좌절하고 화가 나거나 속상해 할 것이다. 이처럼 아이의 감정과 생각은 욕구의 충족 여부에 의해 달라진다. 특별한 아이의 행동도 그 순간 가지는 욕구와 충족 여부에 따라 달라진다.

행동의 일차적 요인은 생리적 욕구다

욕구는 '무언가 원하는 마음'이다. 욕구는 크게 생리적 욕구와 심리적 욕구로 나눌 수 있다. 이중에서 식욕, 수면욕, 배설욕 등 인간의 삶을 유지하는 기본적인 욕구를 생리적 욕구라고 한다. 생리적 욕구는 우리의 생존을 유지하는 것이 목적이다. 그래서 우리가 깨닫지 못하는 사이에 우리의 행동을 유발한다.

대학생을 대상으로 1주일 간 자신이 화나 짜증이 난 상황을 조사한 적이 있다. 많은 학생이 '배가 고플 때', '피곤할 때', '졸릴 때'라고 보고하였다. 심지어는 이유 없이 짜증이 나서 상대방에게 화를 냈는데 나중에 달콤한 빵을 하나 먹고 난 후 기분이 좋아져서 상대방에게 미안한 생각이 들었다는 학생도 있었다. 즉, 생리적 욕구가 충족되지 않으면, 우리는 화, 짜증, 불안, 두려움 등 부정적 감정들을 느끼게 된다.

특별한 아이에게 생리적 욕구는 특히 중요하다. 이들은 자신의 감정이나 욕구에 대한 인식이 부족해 생리적 욕구로 유발되는 신체 증상이나 상태를 인식하지 못하는 경우가 많다. 그래서 이유 없이 화나 짜증을 내거나, 울거나, 갑자기 안절부절못하며 불안해한다. 유아의 경우에도 배가 고픈 것인지 아픈 것인지를 구별하지 못해 무조건 배가 아프다고 이야기하는데, 이도 자신의 생리적 욕구로 유발되는 신체 증상을 인식하지 못해 생긴 현상이다. 그리고 특별한 아이는 자신의 신체 증상을 인식했어도 의사소통 능력이 부족하여 자신의 상태를 정확하게 표현하지 못하고 울음, 공격 행동, 짜증 등으로 표현하기도 한다. 그래서 별다른 이유 없이 아이가 화를 내거나 짜증을 낸다면, 먼저 생리적 욕구가 충족되고 있는지 살펴봐야 한다.

생후 30개월 된 동수는 새벽에 깨서 몇 시간씩 울다가 다시 잠들곤 하였다. 동수의 어머니는 동수를 진정시키기 위해 아이에게 우유도 주고 안아서 달래도 주었지만 동수의 울음은 진정되지 않았다. 그런데 어느 날 아이가 새벽에 또 울기 시작했는데 동수의 얼굴을 보니 온통 땀띠가 나 있었다. 더워서 그런가 보다 싶어서 아이가 입고 있는 옷을 벗기고 창문을 열어 주었더니 동수가 다시 편안한 얼굴로 잠들었다. 동수 어머니는 그제야 아이가 밤에 울었던 이유를 알았다.

동수처럼 생리적 욕구는 아이에게 불편함을 유발하고 울음이라는 행동으로 표현된다. 필자도 아이의 생리적 욕구를 알아차리지 못해 실수를 한 적이 있었다. 놀이치료실에서 28개월 된 자폐 성향을 가진 아이와 놀고 있는데, 아이가 자꾸 구석으로 가서 앉았다. 필자가 다가가려고 하면 울면서 필자가 오는 것을 싫어했다. 그 이유를 알지 못하고 단지 필자를 아이가 무서워한다고 생각했다. 그런데 한참 후에 온 방 안에서 똥 냄새가 났다. 그 순간 아이가 혼자 구석에 있었던 이유를 알 수 있었다. 이처럼 배고픔, 졸음, 신체적 아픔, 배변 등은 아이에게 짜증과 불쾌감을 유발한다. 아이가 짜증이나 화를 내고 있는데 그 이유를 모르겠다면, 일단 아이의 배고픔이나 졸음을 해결해 보자.

다음의 선우나 경민이도 특별한 아이의 행동이 생리적 욕구와 관련된 사례들이다.

지적 장애를 가진 선우는 얼마 전 급식 시간에 돈가스가 작다는 이유로 울었다. 선우는 프레더-윌리 증후군을 겪고 있다. 이 증후군은 멈출 줄 모르는 식욕이 가장 큰 특징으로 끝없는 식욕을 자제하지 못한다. 그래서 이 증후군을 가진 아이는 엄청난 식욕으로 인해 체중이 많이 늘고 아동기부터 당뇨 및 고혈압과 같은 성인병으로 고생하기도 한다. 그래서 이 증후군의 치료 프로그램 안에는 식이 조절이 필수로 포함된다. 선우도 다른 아이에 비해 식탐이 많아서 항상 먹을 것을 찾는다. 선우 부모는 평소 엄격한 방식으로 음식을 조절하고 있어서 선우는 항상 배가 고팠다. 그런데 급식 시간에 다른 아이에 비해 작은 자신의 돈가스를 보자 슬픔을 참을 수 없어 울음을 터트렸던 것이다.

발달장애 2급 진단을 받은 경민이는 1주일 전부터 갑자기 난폭한 행동을 하기 시작했다. 조용히 앉아 있다가 갑자기 책상과 의자를 던지고 소리를 질렀으며, 어머니에게 달려들어 어머니의 머리를 잡아당겼다. 경민이의 부모는 그 이유를 알 수 없었다. 경민이는 하루에 몇 번씩 갑자기 난폭한 행동을 발작처럼 일으켜 다치는 경우가 많아 이럴 때면 아무것도 없는 방에 혼자 두었다. 경민이의 행동은 점점 심해졌으며, 급기야 병원에 내원하였다. 검사 결과, 경민이의 어금니가 아주 깊이 썩어 있었다. 경민이는 치아가 아플 때마다 난폭한 행동으로 자신의 고통을 표현하였던 것이다. 치과 치료를 받은 후 거짓말처럼 경민이의 난폭한 행동은 사라졌다.

생리적 욕구는 아이의 기질과 많은 관련이 있다. 아이는 신체 조건, 자극의 민감성, 생물학적 특성, 환경 적응력 등 모든 면에서 다르게 태어난다. 이런 성향을 기질이라고 한다. 기질은 아이가 처한 환경과 상호 작용하여 아이만의 독특한 개성을 만든다. 그래서 기질이 동일하여도 처한 환경이 다르거나 동일한 환경에서 자라도 기질이 다르면 서로 다른 성격을 가진 아이로 성장한다.

기질은 순한 아이, 까다로운 아이, 느린 아이로 나뉘는데, 아이의 기질에 따라 어머니의 반응도 바뀐다. 기질이 순한 아이의 어머니는 아이가 아무것이나 잘 먹고 어디서든 잘 자서 키우기 쉽다고 말하며, 비교적 아이에게도 수용적이고 긍정적인 태도를 보인다. 하지만 기질이 까다로운 아이는 환경과 자극에 예민해서 먹고 자는 것이 수월하지 않다. 그래서 부모는 아이의 특성에 맞추기 위해 많은 시행착오를 하게 된다. 또 아이의 기질을 이해하지 못하면 성격이 나쁘거나 고집이 센 아이라고 생각해 아이를 비난하기도 한다.

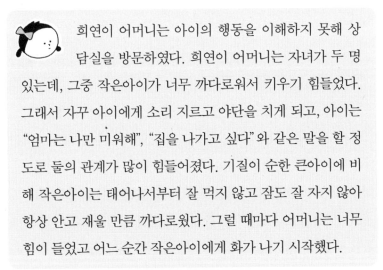

희연이 어머니는 아이의 행동을 이해하지 못해 상담실을 방문하였다. 희연이 어머니는 자녀가 두 명 있는데, 그중 작은아이가 너무 까다로워서 키우기 힘들었다. 그래서 자꾸 아이에게 소리 지르고 야단을 치게 되고, 아이는 "엄마는 나만 미워해", "집을 나가고 싶다"와 같은 말을 할 정도로 둘의 관계가 많이 힘들어졌다. 기질이 순한 큰아이에 비해 작은아이는 태어나서부터 잘 먹지 않고 잠도 잘 자지 않아 항상 안고 재울 만큼 까다로웠다. 그럴 때마다 어머니는 너무 힘이 들었고 어느 순간 작은아이에게 화가 나기 시작했다.

같은 부모에게 태어난 아이들도 기질이 다를 수 있다. 그래서 열 자식에 열 부모라는 말처럼 자식마다 다른 양육 방식이 필요하다.

특별한 아이의 기질도 매우 다양하다. 이들도 장애 특성과 기질이 합쳐져 그 아이만의 독특한 행동을 만든다. 그런데 간혹 아이의 행동을 기질로 오인하여 아이의 교육 시기가 늦어지는 경우도 있다. 예를 들어, 다음의 채연이처럼 사회성이 부족하고 한 가지에 몰입하는 자폐 성향을 기질이 순한 것으로 오해하여 교육과 치료 시기를 놓치기도 한다.

 채연(34개월)이는 영아 때부터 장난감 하나를 주면 혼자 두 시간씩 한자리에 앉아서 놀았다. 그리고 어머니가 가사를 하는 동안 TV를 틀어주면 2~3시간씩 어머니를 찾지 않고 혼자 놀았다. 채연이 어머니는 채연이가 순해서 혼자 잘 논다고 생각하였다. 그런데 30개월이 넘어도 말을 하지 않고 부모가 불러도 반응이 없어서 병원에 갔는데, 자폐성장애라는 진단을 받았다.

자폐 성향을 가진 아이에게는 조기 진단과 교육이 매우 중요하다. 자폐 성향의 원인이 뇌의 기질적 문제라는 견해가 우세하지만 어릴 때부터 체계적인 교육을 통해 자폐 성향이 감소될 수 있기 때문이다. 아이의 기질과 장애 특성을 구별하기 위해서는 아이의 행동에 대한 세심한 관찰이 필요하다. 다음이 민석이도 장애 특성과 아이의 기질을 혼동하여 교육과 치료가 늦어진 경우다.

여덟 살인 된 민석이는 평소에 자리에 앉아 있지 못하고 돌아다녀서 산만하다는 이야기를 많이 들었다. 이런 민석이의 행동은 유치원 시절부터 나타났다. 유치원 수업 시간에 돌아다니고 다른 반에 가서 친구들의 수업을 방해하였다. 그뿐 아니라 놀이터나 아이들이 모여 있는 곳에서는 항상 친구들과 다투었다. 유치원 선생님은 혹시 '주의력 결핍 과잉행동 장애(ADHD)'가 아닌가 걱정이 되어서 부모에게 검사를 권하였다. 하지만 민석이 부모는 남자아이는 원래 좀 산만하고 부산하다고 생각하였다. 그리고 민석이 아버지도 어릴 때 말이 느리고 산만하고 부산하였다는 시부모의 말을 듣고 민석이도 나이가 들면 나아질 것이라고 생각하였다.

하지만 민석이의 행동은 나이가 들어도 나아질 기미가 보이지 않았다. 초등학교 입학 후에는 더욱 사고가 많았다. 한번은 철봉에서 놀다가 떨어져서 팔이 부러지기도 하고, 친구를 책가방으로 때려서 친구의 머리가 찢어지기도 하였다. 민석이 부모는 다소 걱정이 되어 심리검사를 받았다. 검사 결과, 민석이는 지적 장애로 판별되었다. 민석이 부모는 민석이를 지적 장애로 의심해 본 적이 없었다. 다소 말이 늦었지만 민석이의 아버지가 어린 시절 말과 행동이 늦고 산만해 민석이도 아버지를 닮았다고 생각하였다. 그런데 민석이를 자세히 관찰해 보니, 민석이는 산만한 것뿐 아니라 친구들과 잘 어울리지 못했다. 친구와 몸으로 노는 것은 잘 놀지만 친구가 이야기하는 것을 이해하지 못해 엉뚱한 답을 하거나 몸으로 자신의 생각을 표현하는 경우가 종종 있었다.

지적 장애를 가진 아이는 지능과 생활 연령에 따라 다양한 행동을 보인다. 가령, 같은 연령이라도 경미한 지적 장애와 중도 지적 장애의 행동은 서로 다르다. 또 같은 경미한 지적 장애라도 5세와 7세 아이의 행동은 서로 다르다. 5세와 7세가 습득해야 하는 인지 수준이 다르기 때문이다. 그런데 나이가 어릴수록 연령에 따른 차이가 크지 않아서 지적 장애를 구별하기 어렵다. 그래서 단순한 언어 지연이나 사회성이 부족한 아이로 생각하기도 한다. 하지만 언어가 지연되는 이유는 여러 가지다. 그중 하나가 지적 능력의 부족이다. 즉, 아는 것이 별로 없으면 말도 잘 못한다는 의미다. 이들은 사물의 고유명사를 사용하여 대화를 하지 못하고 '이것', '저것' 등 대명사를 주로 사용하며, 이야기가 길어지면 그 내용을 잘 이해하지 못해 동문서답을 하거나 주제에서 벗어난 이야기를 하기도 한다.

언어 발달의 지연은 단순히 언어만의 문제로 그치지 않는다. 언어란 자신을 표현하고 타인을 받아들이는 의사소통 수단이다. 의사소통 수단이 부족하거나 적절하지 못하면 다양한 정보를 받아들일 수 없으며, 타인과의 적절한 관계를 형성할 수 없다. 아이가 지적 발달이 늦거나 또래와 자주 문제를 일으킨다면 우선 의사소통 방법과 수준이 나이에 적절한지 살펴보아야 한다.

특별한 아이도 심리적 욕구를 가졌다

행동을 결정하는 '개인'의 여러 요인(생각, 감정, 욕구) 중 아이의 행동을 결정하는 가장 중요한 요인은 바로 '심리적 욕구'다. 사람은 기본적으로 욕구 덩어리라고 할 수 있는데, 이런 욕구를 충족시키기 위해 대부분의 행동을 하기 때문이다. 매슬로(Maslow)라는 학자는 심리적 욕구에는 안전의 욕구, 사랑과 인정의 욕구, 자존감의 욕구, 자아 실현의 욕구가 있다고 하였다. 이 욕구들은 환경 또는 주변 사람과의 상호 작용에 따라 다르게 나타난다. 즉, 동일한 욕구라도 그 사람이 처한 환경에 따라 다양한 방식으로 표현된다. 다음 두 사례는 사랑과 인정의 욕구를 가지고 있는 아이들의 각기 다른 행동이다.

지적 장애를 가진 민석이는 학교에서 친구를 때려서 선생님에게 자주 야단을 맞는다. 옆에 친구가 앉아 있으면 이유 없이 친구의 머리를 때리거나, 복도에 지나가는 아이를 주먹으로 치고 지나간다. 이런 민석이를 야단치면 민석이는 웃기만 한다. 전혀 선생님의 훈육이 통하지 않는다.

민석이는 부모가 이혼하고 할머니와 함께 살고 있다. 할머니는 민석이를 잘 보살펴 주셨지만 세심한 관심을 보일 수는 없었다. 그래서 민석이는 학교에서 선생님이나 친구들에게 사랑을 받고 싶었다. 하지만 친구들은 민석이를 '바보'라고 놀리며 민석이와 이야기하는 것조차 꺼렸다. 그런데 하루는 민석이가 친구를 밀자, 아이들은 민석이를 선생님에게 일렀고 선생님은 그런 민석이를 불러서 훈계를 하였다. 그런데 훈계를 듣는 동안 민석이는 살짝 웃고 있었다. 민석이는 비록 선생님에게 야단을 맞았지만 그 순간만은 선생님이 자기만의 선생님이었던 것이다.

지적 장애를 가진 연수는 학교에서 폭력적인 아이로 소문이 나 있다. 한번은 다른 반 친구들과 싸움을 하는 도중에 연수가 연필깎이 칼로 상대방 친구를 위협한 적이 있었다. 그 후, 학교에서 연수는 '짱'이라는 별명으로 불리며 두려움의 대상이 되었다. 연수는 어린 시절부터 지적 능력이 떨어져서 항상 학업 수준이 최하위였다. 그러나 의사인 아버지는 연수를 공부 잘하는 형과 비교하며 '바보 같은 녀석'이라고 비난하기 일쑤였다. 설상가상으로 2학년 때 연수는 다른 학교로 전학을 하면서 친하게 지내는 친구 없이 혼자 학교를 다녔다. 그런데 어느 날 다른 반 아이들과 같은 반 아이들이 싸움을 하게 되었다. 그때 연수는 연필깎이 칼로 다른 반 친구들을 위협했는데, 이것을 보고 같은 반 아이들이 "대단하다. 너 때문에 우리 반이 이겼다"라고 추켜세웠다. 이후에도 친구들은 연수가 다소 공격적인 행동을 할 때마다 멋지다고 칭찬을 하였다.

민석이는 친구를 때려서 다른 사람의 관심을 받고 싶었고, 연수는 친구에게 자신이 힘이 강하고 멋지다는 인정을 받고 싶었다. 두 아이는 일명 '관심끌기'라는 행동으로 타인의 사랑과 인정을 받고 싶었던 것이다.

'관심끌기'는 '다른 사람들이 나를 알아주고 사랑해 줄 때만 나는 정말 가치 있어'라고 생각하며, 다른 사람이 자신을 알아줄 수 있는 행동들을 끊임없이 한다. 가령, 수업 시간에 연필 톡톡 치기, 일부러 책 떨어뜨리기, 옆 친구 건드리기, 우스꽝스러운 행동하기, 특이한 옷 입기, 지각하기, 칭찬받으려 노력하기, 공부 잘하기, 남의 험담하기, 꾀병, 자살 시도 등이 있다. 관심끌기는 처음에는 다른 사람이 좋아하는 행동을 하지만, 그것이 목적대로 되지 않으면 민석이와 연수처럼 다른 사람들이 싫어하는 행동들을 하기도 한다.

한번은 필자의 큰아이가 병원에 입원한 적이 있었다. 온 가족은 큰아이를 걱정하며 모이면 큰아이의 이야기만 하였다. 그런데 6세 된 작은아이가 온 가족이 이야기할 때는 아무런 반응이 없다가 오빠 병문안 간 날, 갑자기 오빠의 병원 침대 위로 올라가서 "나도 아파. 배도 아프고, 눈도 아프고, 머리도 아파. 수술해야 해"라고 말하며 오빠를 밀어내고 자기가 침대 위에 벌러덩 누웠다. "수술하면 커다란 주사를 맞아야 한다"라고 아이를 겁주어도 아이는 "그래, 주사도 맞고 수술도 할 거야"라고 말하였다. 그리고 며칠 동안 여기저기 아프다며 계속 가족의 관심을 끌었다. 이처럼 심리적 욕구는 아이들이 흔히 보이는 '꾀병'으로도 나타난다. 그래서 필자는 '꾀병'은 몸이 아니라 마음이 아픈 것이라고 이야기하곤 한다.

아이는 이런 것들로 자신의 욕구를 충족시키고 있다고 믿는다. 하지만 장기적으로는 바람직하지 못한 행동은 아이가 원하는 심리적 욕구와 반대되는 결과를 가져온다. 즉, 심리적 욕구의 좌절은 바람직하지 못한 행동을 만들고 그 행동은 다시 심리적 욕구를 좌절시키는 악순환을 가져온다. 가령, 딸아이는 자신의 꾀병으로 가족의 관심을 받고 있다고 생각한다. 하지만 꾀병이 계속되면 어느 순간 가족은 딸아이에게 다시 무관심해질 것이고, 딸아이는 꾀병이 아니라 가족의 관심을 끌 수 있는 더 큰 사건을 터트려야 한다.

특별한 아이는 생리적 욕구만을 가지고 있거나 생리적 욕구를 더 중요시한다고 생각하는 사람들도 있다. 하지만 특별한 아이도 생리적 욕구가 충족되면 자신에게 중요한 심리적 욕구를 충족시키고자 한다. 특별한 아이가 심리적 욕구를 충족시키는 방식은 그 아이의 장애 유형에 따라 다소 다르게 나타날 수 있다. 즉, 특별한 아이의 행동은 심리적 욕구라는 보편성과 장애 유형이라는 특수성에 따라 달라진다. 가령, 자폐 성향을 가진 아이가 사물이나 물건을 일정한 순서로 배치하거나, 음식을 먹을 때 음식이 안전한지 알기 위해 냄새를 맡거나, 어린 시절부터 먹던 한 가지 음식만 먹으려고 한다. 이런 일련의 행동들은 자폐 성향을 가진 아이가 흔히 보이는 행동으로 주로 안정의 욕구와 관련이 있다. 즉, 부적응적이고 바람직하지 않는 행동이기에 앞서 자폐 성향을 가진 아이가 자신의 안정을 위해 하는 적응 행동이다.

또 다른 예로 자율성의 욕구가 있는 자폐 성향이나 지적 장애를 가진 아이는 여러 활동을 통하여 자율성을 가지고자 한다. 가령, 높은 곳에서 계속 뛰어 내리거나, 계단을 끊임없이 오르내리거나, 한 손에 줄을 잡고 계속 흔들거나, 엘리베이터의 버튼을 모두 누르거나, 문을 닫았다 열기도 한다. 이런 반복적인 행동은 다른 사람의 눈에 의미 없는 행동으로 보일 수 있지만 자폐 성향을 가진 아이에게는 자율성을 충족시키기 위한 행동들이다.

특별한 아이의 부모는 앞의 예처럼 반복되는 행동을 '무의미하다', '몇 년째 똑같은 행동을 하고 있다', '남들이 이상하게 본다' 등과 같은 말을 하면서 견딜 수 없어 한다. 즉, 아이의 행동의 이유를 먼저 생각하기보다 행동을 없애고자 한다. 하지만 다음의 재원이처럼 아이가 원하는 것이 충족되지 않으면 그 행동이 사라진다 할지라도 원하는 것을 얻기 위해 다른 행동이 나타난다.

아스퍼거 증후군을 가진 재원이는 여섯 살이다. 재원이는 네 살 때부터 책 찢는 습관이 있다. 재원이가 아스퍼거 증후군이라는 진단을 받기 전에 재원이 부모는 재원이가 책 읽는 것을 좋아하여 많은 책을 사 주셨다. 그래서 재원이는 스스로 한글이나 숫자를 모두 터득하였고, 부모는 그런 재원이를 대견하게 생각하였다. 그런데 어느 날 재원이는 다 읽은 책을 찢기 시작했다. 재원이 부모는 재원이에게 책을 찢는 것은 바른 행동이 아니라고 책을 찢지 말라고 훈계를 했지만 재원이는 계속 부모 몰래 책을 찢었다. 급기야 부모는 재원이가 책을 찢지 못하도록 책을 모두 없앴다. 그 후부터 재원이는 신문지, 전단지, 종이 돈, 영수증 등의 종이들을 보면 모두 찢었다. 또 다른 사람이 보고 있는 책도 번개처럼 달려들어 찢으면서 "책 찢으면 안 돼."라고 말하며 울었다.

재원이의 책 찢는 이유를 정확하게 알 수는 없지만 원하는 것을 얻기 위한 행동인 것은 확실하다. 책 찢는 행동을 없애기 전에 그 행동의 의미를 먼저 탐색하는 시간이 필요하다. 어느 날, 재원이에게 "책을 왜 찢어?"라고 질문하자, "소리 좋아"라고 말했다. 재원이에게 책 찢는 행동은 일종의 놀이였던 것이다. 즐거움을 주는 자신만의 놀이인 것이다.

즐거움에 대한 욕구는 누구나 가지는 욕구인데, 재원이 부모는 재원이가 책을 찢지 못하도록 책을 모두 없애서 즐거움의 욕구를 차단하였다. 즉, 재원이가 즐겁게 가지고 놀 수 있는 놀잇감을 모두 치워 버린 것이다.

재원이의 책 찢는 행동을 없애려면 재원이가 즐겁게 놀 수 있는 다른 장난감이나 활동을 함께 하는 것이 좋다. 필자는 재원이 부모에게 재원이가 종이 찢기를 마음껏 할 수 있게 하라고 조언하였다. 단, 책이 아닌 신문지를 제시해 찢을 수 있는 종이와 찢을 수 없는 종이를 구별시키는 교육도 동시에 하도록 조언하였다. 그다음에는 신문지를 뭉치거나 뿌리거나 던지는 등 종이를 찢지 않고 노는 여러 가지 놀이도 함께 하도록 하였다. 그러자 재원이는 더 이상 책을 찢지 않았다. 책을 찢는 것보다 더 재미있는 놀이가 생겼기 때문이다.

재원이처럼 종이나 책을 찢는 아이들이 많다. 무조건 하지 못하게 하기 보다는 마음껏 즐길 수 있도록 도와주는 것도 한 방법이다. 한번은 종이를 찢는 아이에게 하루에 다 찢을 수 없을 만큼의 많은 양의 종이를 준 적이 있다. 그리고 쉬지 않고 좋아하는 종이 찢기를 하도록 시켰다. 그러자 그 아이는 더 이상 종이를 찢지 않았다. 또 다른 자폐 성향을 가진 아이는 집 안에 있는 온 가족의 양말을 매일 크기나 모양, 색깔별로 구별해 놓아서, 아침마다 온 가족이 서로 섞여 있는 양말을 찾느라 야단법석이었다. 부모는 아이에게 양말을 서로 섞지 않도록 교육도 하고 훈육도 하였지만, 아이는 어느새 가족의 양말을 모두 섞어 놓았다. 그래서 필자는 부모에게 다양한 색깔과 모양의 양말을 아이에게 사 주라고 조언을 하였다. 아이가 양말을 분류할 수 있는 기준을 복잡하게 만든 것이다. 처음에 아이는 매우 기뻐하며 양말을 분류하였다. 하지만 단순히 빨간색, 파란색, 검정색, 흰색으로 분류하던 양말이 빨간색 동그란 무늬, 빨간색 줄무늬, 검정색 네모 무늬, 흰색 세모 무늬 등 분류의 기준이 복잡해지자 아이는 힘들어졌다. 어느 순간 아이는 양말을 한 곳에 모아두기 시작하였다.

"하던 짓도 멍석을 깔면 안 한다"라는 속담처럼 아이도 자신이 좋아하는 일을 매일 할 수는 없다. 좋아하는 일도 시간이 지나면 지루해지고 관심도 변한다. 아이는 항상 변화하고자 하는 욕구가 있다. 그 변화를 인정하고 믿고 기다리면, 지금 하고 있는 반복적이고 상동적인 행동을 언젠가는 멈출 것이다. 그 시간을 단축하고 싶다면 아이에게 즐겁게 놀 수 있는 여러 가지 방법을 알려주자.

심리적 욕구

특별한 아이의 행동을 이해하고 싶다면, 먼저 아이가 가지고 있는 심리적 욕구를 아는 것이 선행되어야 한다. 다음은 특별한 아이의 대표적인 심리적 욕구들이다.

안정의 욕구

안정의 욕구는 주로 생애 초기에 형성되는 가장 기본적이고 생존과 관련된 욕구다. 안정의 욕구는 자신의 삶을 안전하게 유지하고 존속시키고 싶은 욕구로, 성인에게는 좋은 직장을 가지고 돈을 많이 벌려는 행동, 무언가를 모아 두려는 행동, 익숙한 것만 하려는 행동 등으로 나타난다. 아이의 경우에는 새로운 친구나 놀이보다는 익숙한 친구나 놀이를 더 선호하고, 새로운 음식보다는 항상 즐겨먹던 음식만을 먹고, 좋아하는 것만 하고 싫어하는 것은 거부하는 등 익숙하고 친숙한 것만을 선호하는 행동으로 나타난다. 이와 반대되는 욕구는 '탐색의 욕구'로 새로운 것과 낯선 것들을 더 선호하고 다양한 경험을 하려는 욕구다. 탐색의 욕구는 안정의 욕구가 충족되면 자연스럽게 나타나는 욕구다.

두 욕구는 서로 상반된 욕구지만 모든 사람에게 공통적으로 존재한다. 그리고 상황과 환경에 따라 두 욕구 중 하나가 우세하게 된다. 가령, 초등학교에 처음 입학한 아이가 학교라는 환경이 두렵게 느껴지면 안정의 욕구가 더 우세해진다. 안정의 욕구가 우세해지면 새로운 환경을 탐색하기보다는 우선 자신의 안정을 위하여 낯선 것들을 받아들이길 거부한다. 그래서 새로운 환경에 적응하는 데 시간이 걸린다. 하지만 익숙한 놀이터나 친구 집에 가면 안전하다고 생각하기 때문에 탐색의 욕구가 우세해져서 다양한 놀이나 장난감을 더 많이 가지고 논다.

이 원리에 근거하여 아이의 안정의 욕구와 낯선 곳에 대한 불안 정도를 알아볼 수 있다. 만약 아이가 낯선 곳에서 놀이에 집중하지 못하고 부모에게 붙어 있으면 아이는 현재 불안을 느껴 안정의 욕구가 높아진 것이다. 반면에 아이가 낯선 곳에서 어느 정도 시간이 지나 부모에게 떨어져 놀이에 집중하면, 아이는 불안하지 않다고 느껴 탐색의 욕구가 높아진 것이다. 그래서 안정의 욕구가 높은 아이들은 유치원이나 학교와 같은 새로운 환경에 적응할 때 시간이 오래 걸린다.

안정의 욕구가 충족되지 못하면 불안이 생긴다. 즉, 세상은 안전하지 못한 위험한 곳이라고 생각하여 불안해한다. 불안은 불편한 감정으로 우리는 불안을 없애거나 대처하기 위해 여러 행동을 하게 된다. 가령, 불안을 유발하는 대상과 상황을 피하거나 못 본 척 하기도 하고, 불안을 없애기 위한 자신만의 대처 방식을 만들기도 한다. 징크스나 특정 습관과 같은 것들이 그 예에 해당된다. '아침에 장의차를 보면 하루 종일 재수가 없다', '아침에 이를 닦다가 칫솔이 부러지면 손해를 본다' 등과 같은 징크스를 가진 사람은 이런 사건이 일어나지 않도록 하기 위해 노력하는데, 이것은 자신의 불안을 피하려는 일종의 미신 행동이다. 이는 불안하고 위험한 세상에서 조금이라도 안전하고 싶은 마음에서 나온 것이다.

영화 〈이보다 좋을 수 없다〉의 주인공이 보이는 강박 행동도 바로 위험한 세상으로부터 자신을 보호하기 위한 행동이다. 레스토랑의 지정된 자리에만 앉기, 항상 같은 음식만 먹기, 길에서 금 밟지 않고 걷기, 휴대용 포크와 수저를 지니고 다니기, 집으로 돌아오면 뜨거운 물에 손 소독하기, 한 번 사용한 비누는 다시 사용하지 않기 등의 행동들은 불편하지만 자신을 안전하게 보호해 준다.

특별한 아이도 안정의 욕구를 추구한다.

초등학교 4학년 순영이는 주의력 결핍 과잉행동 문제를 가지고 있다. 그런데 초등학교에 입학한 후부터 어머니와 함께 가지 않으면 학교에 가지 않았다. 그리고 학교에서도 어머니가 자신의 옆이나 교실 뒤에 앉아 있어야 마음놓고 수업에 참여하였다. 어쩌다 어머니가 순영이 모르게 화장실이라도 가면, 온 학교를 울면서 어머니를 찾아다녔다. 때로는 학교에서 불안한 일이 생기면 어머니 옆에 달라붙어서 전혀 수업에 참여하지 않았다. 순영이의 행동이 어머니나 선생님에게는 잘 이해가 되지 않았다. 그래서 순영이를 야단치거나 교실에서 내보내기도 하였다. 그럴수록 순영이는 더욱 어머니를 찾았다. 어느 날, 순영이 어머니는 너무 힘들어서 순영이에게 "엄마는 너 때문에 죽고 싶다"라는 말을 하고 같이 울었다. 그다음 날부터 순영이는 더욱더 어머니 옆에서 떨어지지 않았다.

순영이 행동은 안정의 욕구에 의한 것이다. 순영이에게 어머니는 안전기지로 위험한 세상으로부터 자신을 지켜주는 존재다. 그래서 순영이는 항상 어머니 옆에 있고 싶었고 어머니와 떨어지는 것이 두려웠다. 그런 욕구가 순영이가 가지고 있는 ADHD라는 문제와 함께 나타나서 더욱 충동적이고 자제가 되지 않는 것처럼 보였던 것이다. 하지만 주변 사람은 순영이의 숨겨진 마음보다는 순영이의 행동만을 바라보고 "엄마는 너 때문에 죽고 싶다"라고 말하거나, 시끄럽게 하면 교실 밖으로 내쫓아서 순영이를 더욱 불안하게 만들었다.

이처럼 안정의 욕구는 어머니와 분리를 두려워해 떨어지지 않으려 하는 것뿐 아니라 화장실이나 다른 교실로 가지 않으려 하거나, 항상 손에 같은 물건을 들고 다니거나, 항상 같은 규칙과 순서를 고집하는 행동 등으로 나타날 수도 있다. 이런 행동들을 장애 특성이라고 오해하기도 한다. 하지만 이런 행동들은 특별한 아이의 특수성 안에 모든 아이가 가지고 있는 보편성이다. 즉, 안정의 욕구를 충족시키고자 하는 보편적인 마음이 장애 특성에 따라 다르게 표현된 것이다.

앞의 그림은 자폐 성향을 가진 초등학교 6학년 아이의 그림이다. 다른 사람으로부터 자신을 보호하기 위해 벽으로 둘러싸인 샤워실에 혼자 앉아 있다. 이 아이는 평소에 정해진 길로만 다니며, 정해진 시간표에 따라 움직인다. 간혹 정해진 시간표가 바뀌는 날에는 불안해서 안절부절못한다. 영화 〈말아톤〉의 주인공 초원이처럼 공사 중 표지판이 있는데도 자신이 다니던 길로만 가려고 고집을 부린다. 자폐 성향을 가진 아이에게서 흔히 보이는 이런 행동들도 안정의 욕구와 관련된 행동들이다.

자율성의 욕구

사람은 자신만의 자아를 형성하고 자신이 원하는 삶을 살고 싶어 한다. 즉, 누군가에게 의존해 살거나 다른 사람의 의견에 따라 살기보다는 자신이 원하는 대로 살고자 한다. 이 욕구는 만 2세경에 나타나는 욕구로 어머니가 말하는 것에 "싫어", "아니야"라고 말하는 것이 주 특징이다. 이 시기의 아이는 어머니가 자신이 좋아하는 과자를 주면서 "과자 먹어라"라고 하면, "아니야, 싫어"라고 말하면서 어머니가 준 과자를 먹지 않는다. "이 닦자"라고 하면 역시 "아니야, 싫어"라고 하며 자기가 닦고 싶을 때 닦겠다고 한다. 아이는 이런 행동을 통해 자신의 힘과 능력을 확인하는 것이다.

자율성은 특별한 아이에게도 나타난다. 특별한 아이도 자신의 힘과 능력, 그리고 자신이 세상에서 혼자 할 수 있는 일들을 확인하고자 한다. 그러나 아이가 장애 진단을 받는 순간부터 주변 사람들은 아이가 스스로 할 수 없을 것이라고 생각하여 아이를 과잉 보호하게 된다. 그래서 아이가 스스로 할 수 있도록 기다리고 지켜보기보다는 부모가 먼저 지시하고 도와주는 경우가 종종 있다. 다른 사람이 지시하고 도와주면, 우리는 일시적으로 편안함을 느낀다. 하지만 자율성은 스스로 한 일에 대한 성취 경험을 통하여 발달하는데, 타인의 도움을 받으면 자신의 능력에 대한 확신이 없어진다. 또한 도움받는 일이 반복되면 스스로를 타인의 도움이 꼭 필요한 무능한 사람이라고 생각하게 된다.

자신의 무능함을 좋아하는 사람은 아무도 없다. 특별한 아이도 무능함보다는 자신의 능력을 확인하고자 한다. 그래서 이들은 자신의 능력을 확인하고자 때때로 일명 '말썽'이라는 것을 부린다. 높은 곳에서 뛰어내리기, 계단을 하루 종일 오르내리기, 침 뱉기만 아니라 정수기의 물을 계속 틀어 보기, 변기에 장난감을 넣고 물 내리기, 엘리베이터 버튼을 계속 누르기 등의 말썽을 부린다. 한 자폐 성향을 가진 아이는 현관 번호 키의 비밀번호를 자꾸 바꾸어서 온 식구가 집에 들어가지 못한 적이 있었다. 이 행동들은 아이가 스스로 자신의 능력을 확인하려는 자율성에 의한 행동으로 아이의 발달에 필수적이다.

자율성을 위한 행동은 사회 상황에 따라 바람직하지 않은 행동으로 보일 수도 있다. 가령, 엘리베이터를 누르고 싶은 마음에 모든 층마다 엘리베이터를 누르면 남에게 피해를 주게 된다. 또한 변기의 물도 마찬가지로 자꾸 변기의 물을 내리면 자원의 낭비를 가져온다. 앞에서 예를 든 행동은 누구나 한 번씩 해 본 행동이지만 성장하면서 사회 상황에 따라 조절하게 된다.

자율성은 자아 형성에 큰 영향을 주는 심리적 욕구로, 특별하지 않은 아이도 성장하면서, 비록 꼭 2~3세가 아니더라도 이 욕구를 경험하게 된다. 20세 된 자폐 성향을 가진 청년이 하루는 "초인종 누르면 안 돼요. 초인종 누르면 경찰 와. 경찰 오면 잡아 가"라고 필자에게 말한 적이 있다. 그 청년을 잘 알고 있던 필자는 그 청년의 말을 듣고 그 청년이 남의 집 초인종을 눌러서 어머니에게 야단을 맞았다는 것을 짐작할 수 있었다. 그래서 청년의 어머니에게 청년이 초인종을 누르고 다니는지 물어보자, 그 동네 아파트의 초인종을 모두 누르고 다니는 모습이 CCTV에 찍혔다고 하였다. 그래서 어머니가 남의 집 초인종을 누르면 경찰이 잡아간다고 겁을 주었지만, 그 청년은 어머니의 협박에도 여전히 남의 집 초인종을 눌렀다. 이 청년과 마찬가지로 자율성의 욕구를 장난 전화로 충족하는 아이도 있다. 아이가 새벽에 119에 "우리 집에 불이 났어요"라고 장난 전화를 자주 걸어서 야단을 맞기도 하고, 자신이 좋아하는 친구들에게 밤에 문자와 전화를 해서 상대방을 난처하게 만들기도 한다.

세상은 제한과 한계로 가득 차 있다. 제한과 한계가 많은 세상은 아이에게 좌절과 무능력함을 준다. 그렇다고 다른 사람과 살아가는 세상에서 자신이 원하는 대로 모두 할 수는 없다. 가끔은 자신이 원해서 한 행동이 다른 사람에게 피해를 주기도 하고 때로는 자신을 다치게 할 수도 있기 때문이다. 따라서 자율성은 책임과 조율이 필요하다. 즉, 자신이 원하는 것을 다른 사람에게 피해를 주지 않는 범위에서 조절할 수 있는 능력이 필요하다. 이를 '적절한 한계를 인식하기'라고 한다.

'적절한 한계'는 아이가 자율성을 침해받지 않고 맘껏 자율성을 가질 수 있는 범위다. 그런데 적절한 한계는 부모의 가치관에 의해 아이에게 허용되는 정도와 제시되는 방식이 매우 다양하다. 가령, 어떤 부모는 아이의 기를 살려 주려고 아이가 원하는 대로 다 들어준다. 아이가 마음대로 안 되면 물건을 부수거나 다른 아이를 때려도 그냥 묵인한다. 한 어머니는 아이가 다운증후군으로 태어나자, 아이가 다른 사람들에게 놀림을 받으며 살아갈 것이 불쌍하고 자신이 아이를 지켜 주고 싶은 마음에 아이가 원하는 것은 무엇이든 다 들어주었다. 원하는 장난감과 먹고 싶은 것은 모두 사 주고 원하는 놀이도 모두 해 주었다. 심지어는 다른 사람이 아이에게 조금이라도 야단치거나 비난하면 그 사람과 싸우기도 했다. 그리고 자신의 아이를 장애로 바라보는 시선이 느껴지면 그곳에 다시는 가지 않았다. 그런데 아이가 유치원에 입학하자 친구들과 싸우기 시작했다. 장난감을 혼자 독차지하거나 자신의 뜻대로 되지 않으면 "모두 내꺼야"라고 소리치며 친구를 때리고 말리러 온 선생님도 때렸다. 아이는 지금까지 자신이 원하는 것이 다 이루어졌기 때문에 다른 아이들과 나누어 가지는 것과 자신이 원하는 대로 되지 않을 때 좌절을 조절할 수 있는 방법을 배울 기회가 없었던 것이다.

세상은 항상 아이가 원하는 대로 모두 이루어지지 않는다. 아이가 살아가야 할 세상은 실패, 좌절, 슬픔이 존재한다. 특히 특별한 아이가 살아가는 세상은 오히려 더 많은 실패, 좌절, 슬픔이 있는 곳 일 수도 있다. 이런 곳에서 아이가 상처받는 것이 싫고 아이를 보호하고 싶은 부모의 마음은 당연하다. 하지만 세상은 부모와 함께 사는 것이 아니라 아이가 스스로의 힘으로 살아가야 하는 곳이다. 슬픔도, 좌절도, 실패도 아이가 모두 감당해야 하는 몫이다. 위험하고 좌절이 많은 세상으로부터 아이를 보호하고 싶은 마음이 지나치면 특별한 아이의 자율성을 방해하게 된다.

이와 반대로 아이의 행동을 과하게 제한하는 부모도 있다. 이들은 남에게 절대로 피해를 주면 안 된다는 생각과 아이의 버릇은 처음부터 잡아 줘야 한다는 생각으로 아이를 과도하게 제한한다. 아이에게 반드시 되는 것과 안 되는 것을 교육하는 것은 필요하다. 그렇지만 한계가 너무 많고 그 기준이 너무 좁으면 아이는 자신의 능력을 확인할 수 있는 기회가 적어진다.

아이에게 한계는 울타리다. 울타리는 아이에게 행동의 기준을 명확하게 세울 수 있도록 도와주어 안정감을 준다. 하지만 때로는 그 울타리가 너무 좁으면 벽처럼 답답함을 주기도 한다. 울타리가 너무 좁게 느껴지면, 아이는 행동의 제약을 받게 되고 계속 울타리를 부수려는 시도를 할 것이다. 울타리를 부수려는 시도는 대부분 공격적 행동, 반항이나 비행과 같은 형태로 나타난다. 가능하면 한계는 아이의 자율성을 방해하지 않는 정도로 제시하는 것이 좋다.

적절한 한계의 기준도 중요하지만 적절한 한계를 주는 방식도 중요하다. 대부분의 부모는 안 된다는 지시만을 제시하는 경우가 많다. 이 경우 아이에게 행동을 조절하는 능력을 키워 주기보다는 아이에게 자율성을 방해받았다는 느낌만 준다. 이렇게 방해를 자주 받으면 아이는 자신의 자율성을 획득하고, 또 자신을 방해한 상대방을 공격하기 위해 다음 사례의 동현이처럼 행동하기도 한다.

 동현이는 처음 놀이치료실에 들어와서 일부러 교구장에 있는 교구들을 던졌다. 그리고 선생님의 반응을 살폈다. 선생님이 동현이의 마음을 알고 동현이의 행동을 못 본 척하자, 동현이는 보란 듯이 "나, 이거 던질 거야"라며 장난감을 창문 밖으로 던졌다. 동현이는 선생님이 자신의 자율성을 얼마나 허용해 주는지 확인하고 싶었던 것이다. 동현이는 지적 장애와 주의력 결핍 과잉행동 문제를 동시에 가지고 있어서 가정에서 항상 말썽을 부렸다. 특히 물건을 베란다 밖으로 자주 던졌는데, 그럴 때마다 동현이 부모는 지나가는 사람이 다칠까 봐 동현이를 호되게 야단쳤다. 그 후 동현이는 다른 사람을 만나면 일부러 물건을 던지고 상대방의 반응을 살폈다.

만약 아이가 특정 행동을 하기 전이나 후에 당신의 얼굴을 쳐다보고 있다면, 그 아이는 자율성을 확인하고자 하는 것이다. 동현이처럼 자율성을 자주 침범당한 아이는 '말썽'이라는 행동으로 자율성을 획득하기 위해 끊임없이 노력한다.

철민이 어머니는 6학년이 된 후부터 부쩍 말썽을 부리는 철민이 때문에 고민이 많다. 철민이는 자폐 성향을 가진 아이로, 다른 아이에 비해 순해서 이제까지 별 말썽 없이 학교나 가정생활을 해왔다. 그런데 6학년이 되고부터 자꾸 집 밖으로 나가서 돌아다닌다. 한번은 온 가족이 모두 잠들어 있는 새벽에 철민이가 현관문을 열고 밖으로 나간 적이 있었다. 온 가족은 놀라서 철민이를 찾았지만 찾을 수 없었고 저녁 8시가 넘어, 집에서 10km 떨어진 자동차 대리점에서 철민이를 데려가라고 연락이 왔다. 그곳은 예전에 할머니 집에 갈 때 지나쳤던 곳인데 철민이는 자기가 좋아하는 자동차 대리점이 있는 그곳까지 혼자서 찾아갔던 것이다. 철민이의 행동은 점점 심해져서 학교에서도 수업 도중에 없어져 반 친구들이 철민이를 찾으러 다닌 적도 있었다. 철민이는 문방구, 슈퍼마켓, 과학실 등 자기가 좋아하는 곳이 있으면 말없이 그곳으로 찾아갔다. 수업 중이라는 생각은 까마득히 잊은 채 말이다. 철민이가 걱정이 된 어머니는 미아 방지 팔찌도 채워 주고 철민이에게 집을 잃어버리면 안 된다는 것을 철저히 교육시켰다. 그렇지만 어느 날 철민이는 또 학교에서 말없이 나갔다. 이리저리 철민이를 찾아다녔지만 철민이를 찾을 수 없었다. 너무 힘든 마음으로 가족들은 철민이 소식이 오기만을 기다리고 있는데, 어둑해진 저녁이 되어 철민이는 현관문을 열면서 "7시야. 밥 먹자"라고 말하며 들어왔다. 한 번도 스스로 열어 본 적 없는 현관 번호 키를 열고서 말이다.

철민이처럼 특별한 아이도 자신이 원하는 곳에 스스로 가고 집을 찾아올 수 있는 능력이 있다. 무조건 특별한 아이는 할 수 없다는 생각으로 과잉 보호하기보다 이들에게 스스로 할 수 있는 기회를 주고 그들이 도움을 청할 때 도와주어야 한다.

자율성의 욕구는 프로이트가 말한 항문기(2~3세경) 때 주로 나타나는 것으로 대소변을 자신의 마음대로 조절하면서 아이는 스스로 자신의 능력을 확인한다. 하지만 이 시기에 대소변을 자율적으로 조절하지 못하면 아이는 자율성을 침해당한다. 그래서 자신은 스스로 할 수 있는 능력이 없다고 생각하거나 자신의 능력을 보여 주기 위해 대소변을 마음대로 조절하려고 한다.

> 민수는 놀이치료실에서 4주 동안 대변을 보았다. 처음에는 구석에 숨어서 대변을 보던 아이가 나중에는 교실 한가운데서 자랑스러운 얼굴로 대변을 보았다. 물론 다른 곳에서 한 번도 대소변 실수를 하지 않는 아이였다. 처음에 필자는 민수가 대변이 마렵지만 놀이 시간이 끝나는 것이 아쉬워서 참다가 대변을 보았다고 생각하였다. 그런데 2주, 3주 때는 놀이치료실에 들어오기 전에 화장실에 가서 대변을 보도록 어머니가 유도하였지만 화장실에서는 대변을 보지 않았다. 그러던 아이가 교실에 들어오자마자 "똥 눠"라고 말하며 대변을 보았다.

조금 다른 각도로 바라보면 아이의 행동을 달리 해석할 수 있다. 민수는 지금까지 산만하고 충동 조절이 안 된다는 이유로 어머니가 손을 놓고 걸어 다녀 본 적이 없었다. 그리고 어디에 가든 주변 사람으로부터 "하지 마"라는 말을 자주 들었다. 더구나 대소변을 가려야 할 3세 때에 대소변 문제로 매우 힘든 시간을 보냈다. 너무 변비가 심해 관장을 하기도 하고 바지에 조금씩 나누어 보기도 해서 어머니에게 심하게 혼났다. 그리고 밖에서 실수를 할까 봐 미리 대변을 집에서 보고 나가도록 연습도 하였다. 이 시기에 민수는 대변을 스스로 하고 싶을 때 해 본 적이 없었던 것이다.

민수처럼 간혹 자신의 자율성을 획득하기 위해 예전에 해 보지 못했던 것을 다시 해 보려고 시도하는 아이도 있다. 갑자기 동생이 먹던 우유병을 빨면서 아이 흉내를 내기도 하고, 자신을 엄하게 혼낸 어머니에게 "마귀 할멈"이라고 말하고 도망가기도 하고, 뜻대로 안 되면 바닥에 드러누워 떼를 쓰기도 한다. 이런 행동들은 아이의 성장에 꼭 필요한 자율성의 욕구를 충족하기 위한 시도들이다.

적절한 한계는 어떻게 줄까

아이가 자율성을 획득하도록 돕기 위해서는 아이가 원하는 것을 적극적으로 수용해 주는 것이 필요하다. 하지만 아이의 모든 행동을 수용해야 하는 것은 아니다. 아이가 화났다고 친구나 부모를 꼬집거나 때리거나 욕을 하는 등 타인에게 직접적으로 상해를 입히는 행동도 수용해 주면 아이는 화나면 다른 사람을 때려도 된다고 생각하게 된다. 그리고 이런 해결 방식은 아이의 사회생활에 또 다른 방해 요인으로 작용하여 다른 사람으로부터 고립될 수 있다.

적절한 한계는 아이의 욕구나 마음을 인정하고 적절한 표현 방식을 알려 주는 것이다. 즉, 아이가 화가 난 것은 인정해 주고 화를 표현하는 방법으로 타인에게 상처를 입히는 것은 옳지 않다는 것을 알려 준다.

초등학교 3학년으로 지적 장애를 가진 지명이는 최근 닌텐도 게임에 빠져있다. 항상 게임을 하고 싶어서 수업 중에도 닌텐도 게임을 하였다. 그러다 선생님이 지명이의 닌텐도를 빼앗으면 소리를 지르며 울어서 수업을 방해하였다.

지명이처럼 자신의 욕구가 좌절되면 화가 나고 이를 표현한다. 그러나 자신이 원하는 것을 얻기 위해 무조건 떼를 쓰고 수업 중에 우는 것은 바람직한 행동이라 할 수 없다. 지명이에게 자신이 원하는 것을 얻기 위해서는 무조건 떼를 쓰는 방식이 아니라 상대방을 설득하는 방법을 알려 주어야 한다. 즉, 아이가 원하는 것을 들어 줄 수 없는 상황에서는 행동의 한계를 정해 주고 아이가 대안적 방법을 생각할 수 있도록 한다.

아이의 행동에 한계를 지어 주는 방법에는 행동이나 감정을 비난하지 않고 마음을 그대로 수용해 주는 것이 중요하다. 그다음에 안 되는 이유를 명확하게 전달해야 한다. 다음은 적절한 한계를 제시하기 위한 방법이다.

한계에 대한 명확한 이유를 설명하기

아이의 행동에 대해 '안 돼'라고 말할 때는 그 이유를 명확하게 설명해 준다. 명확하다는 것은 아이가 이해할 수 있는 말로, 구체적이고, 그 행동의 결과를 말해 준다는 의미다. "그건 타인에게 피해를 주기 때문에 안 돼", "그런 행동은 바르지 않아", "그런 말은 나쁜 말이기 때문에 안 돼", "그건 위험해서 안 돼" 등과 같이 이유가 모호하면 아이는 행동의 기준을 세울 수 없다.

그보다는 "네가 친구를 때리면 친구들이 아파", "네가 물건을 말없이 가져오면 친구가 소중한 것을 잃기 때문에 속상해", "네가 욕을 하면 친구의 마음에 상처가 돼", "네가 높은 곳에서 자꾸 뛰어내리면, 네가 다칠 수도 있어" 등과 같은 말로 행동에 대한 결과를 구체적으로 제시한다. 또한 조건적으로 한계를 제시하는 것은 아이의 마음에 상처가 된다는 것을 명심해야 한다. 가령, "네가 그런 행동을 하면, 사람들이 널 싫어할 거야", "친구를 때리면, 너는 나쁜 사람이야" 등 아이의 인격을 비난하는 조건적 한계들은 아이에게 깊은 상처로 남는다.

한계 상황을 구체적으로 알려주기

특정 행동이 항상 바람직하지 않은 것은 아니다. 그래서 그 행동이 허용되는 상황과 허용되지 않는 상황을 구체적으로 제시해야 한다. 가령, 높은 곳에서 뛰어내리는 행동의 경우, 뛰어내리는 행동 자체를 제한하기보다는 어느 정도의 높이가 위험한지를 구체적으로 알려 주는 것이 좋다. 때리는 것도 무조건 안 된다고 제한하기보다는 허용되는 상황과 허용되지 않는 상황을 알려 준다. 예를 들어, 친구와 다툼이 있거나 아이가 화를 풀기 위해 다른 사람을 때리는 경우는 안 되지만, 싸움놀이나 운동놀이와 같은 놀이 상황이나 공격당하는 상황에서 방어의 수단으로 때리는 것은 허용될 수도 있다는 것을 알려 준다. 또 다른 예로 아이가 뛰는 것도 마찬가지다. 아이가 뛰는 것은 자연스러운 행동이다. 그러나 위험물이 많은 곳에서 뛰거나 사람이 많은 곳에서 뛰는 것은 위험하거나 남에게 피해가 된다. 그런 경우 뛰는 것에 대한 한계 상황을 구체적으로 제시한다. "공원이나 운동장에서는 뛰어도 되지만, 영화관이나 마트에서는 걸어 다녀야 해. 거기서 뛰면 다른 사람들과 부딪쳐서 너나 다른 사람이 다칠 수도 있어"라고 제시한다.

아이에게 허용되는 상황과 허용되지 않는 상황을 구체적으로 알려 주는 것이 아이가 사회적으로 대처하는 데 도움이 된다. 그래야 아이는 다양한 상황에서 융통성 있게 행동할 수 있다.

일관성 있게 한계 제시하기

한계는 일관성 있게 제시한다. 한계가 일관성 있게 제시되면 아이는 자신의 행동에 대한 기준을 명확하게 세울 수 있다. 남의 물건을 가져오는 것에 대해 한계를 제시할 경우에 어디서나, 누구에게나, 언제나 같은 한계를 제시해야 한다. 친구의 장난감을 가져가고 싶다고 하는 아이가 있다고 가정하자. 아이가 아프거나 기분이 우울한 날은 가져가도 되고 다른 날은 안 되는 것은 일관성이 없는 것이다. 어머니와 아주 친한 순이 집에서는 가능하고 처음 가는 철이 집에서는 안 되는 것도 마찬가지다. 울고 떼쓰는 행동이 마트나 백화점에서는 묵인되고 집에서는 야단맞으면, 아이는 자신의 행동에 대한 기준을 정할 수가 없다. 이런 경우 기준이 어머니의 마음에 따라서 달라지기 때문에 아이는 어머니의 기분이나 표정을 살피게 되고 눈치를 보게 된다.

우리 주변에는 다른 사람의 기분이나 표정으로 자신의 행동을 결정하는 아이들이 많다. 자신이 하고 싶은 일들을 요구하고 부탁할 때 어머니의 기분이 좋으면 부탁하고, 어머니가 기분이 나쁘면 아이는 자신이 원하는 것을 말하지 않는다. 이 아이들은 무언가를 결정하고 선택하는 데 중요한 기준이 바로 자신이 아니라 타인이기 때문이다. 그래서 이들은 나중에 성장하면 자신의 뜻대로 살기보다는 주로 타인의 기분을 맞추려는 행동을 하게 된다.

한계 다음에 바로 해결책 탐색하기

한계는 아이에게 제한을 두는 것이기 때문에 아이가 원하는 것을 좌절시킨다. 아이는 원하는 것이 좌절되면 부정적인 감정을 느낀다. 하지만 자신이 원하는 것이 좌절되어도 다른 해결책이 있다는 확신이 들면 아이는 부정적인 감정을 느끼지 않거나 그 감정에서 쉽게 벗어날 수 있다.

지금 친구랑 놀고 싶지만 학원에 가야하는 경우, 친구랑 놀지 못하게 하는 어머니가 미울 수 있다. 하지만 화나고 속상한 마음을 어머니와 이야기를 통해 해결할 수 있다고 믿으면 아이는 속상한 마음도 있지만 그 문제를 해결하려 할 것이다. 따라서 아이에게 행동에 한계를 준 다음에는 바로 해결책을 아이와 탐색하는 시간을 가져야 한다.

많은 어른이 아이에게 행동의 한계만 제시하는 경우가 많다.

안 되는 것은 알려 주지만 해결책은 알려 주지 않는다. 한계를 제시한 다음에는 그 한계 안에서 해결책을 탐색하는 것이 반드시 필요하다. 이 과정을 통해 아이는 문제 해결에 대한 자신감을 가지며, 욕구가 한계에 부딪쳐도 화나 분노와 같은 감정들을 덜 느끼게 된다. 한 가지 방식이 안 되면 다른 해결책을 찾으면 되기 때문이다.

해결책의 선택권은 항상 아이가 가지고 있다. 아이가 제시하는 방식이 아이에게 가장 잘 맞고 적절한 해결책이다. 부모나 선생님이 해결책을 제시하는 경우가 많은데, 이런 해결책은 부모나 선생님의 삶의 경험을 반영한 것이어서 아이에게는 적절하지 않을 수 있다. 즉, 멋진 옷이지만 아이의 몸에 맞지 않는 옷과 같다.

해결책을 탐색하는 과정의 첫 번째는 다양한 대안을 모색하는 것이다. 그다음에는 그 대안의 실현 가능성과 장단점을 고려한다. 그리고 마지막으로 최선책을 선택하는 과정이 필요하다.

해결책은 한 가지만 있는 것은 아니다. 가령, 아이가 자신을 괴롭히는 아이에게 자신의 힘든 마음을 전하고 더 이상 괴롭히지 못하게 하고 싶은 마음이 있다면, 편지를 쓸 수도 있고 직접 말로 전할 수도 있다. 또 어머니가 전해 주거나 선생님에게 말하는 방법도 있다. 아이가 원하는 것을 얻는 방법은 다양하다. 다양한 해결책을 모색하는 것은 아이의 선택의 폭을 넓혀 줄 수 있으며, 한 가지 대안이 안 되는 경우 다른 대안을 선택할 가능성을 높여 준다.

다양한 대안을 모색한 다음에는 그 대안들의 실현 가능성을 아이와 따져본다. 실현 가능성도 부모나 선생님의 생각이 아니라 아이의 입장에서 고려하여야 한다. 대안은 하나의 생각을 반드시 행동으로 옮기는 것은 아니다. 행동으로 옮기기 위해서는 대안들의 장단점을 충분히 고려하여 최선책을 선택하여야 한다.

아무것도 하지 않는 것도 최선책이 될 수 있다. 최선책은 반드시 문제를 해결하고 아이가 원하는 것을 충족시켜 주는 것만은 아니다. 세상을 살다보면 해결할 수 없는 일들도 많다. 이럴 때는 아무것도 하지 않고 현재를 견디는 것도 최선의 해결책이 될 수 있다. "그럼, 아이의 문제가 아무것도 해결되지 못하잖아요?", "부모가 아무것도 해 줄 수 없으면 아이가 어떻게 부모를 믿고 따르나요?"라고 반문을 하는 부모도 있다. 맞는 말이다. 아이의 문제는 해결되지 않았고, 아이에게 부모가 아무것도 해 줄 수 없는 존재로 보일 수도 있다. 하지만 아이와 문제를 해결하기 위한 방법을 찾는 과정 자체만으로도 아이는 자신의 문제를 제대로 인식할 수 있으며, 부모가 자신의 문제에 적극적인 관심을 가지고 있다는 것을 느끼게 된다. 즉, 부모와 자신의 어려움을 이야기하는 과정에서 자신의 생각과 감정을 수용받고 공감받는 경험을 하게 된다. 수용과 공감은 문제 해결보다 아이에게 더 값진 경험이다.

한번은 유치원에 다니는 딸이 자신을 놀리는 친구 때문에 유치원에 가기 싫다고 눈물을 흘리며 말한 적이 있다. 그때 필자와 딸은 그 문제를 어떻게 해결할 것인지 이야기를 나누었다. 선생님에게 이야기하는 방법, 그 친구를 때려 주는 방법, 무시하는 방법, 부모가 가서 야단을 치는 방법, 유치원을 옮기는 방법 등 아이가 생각할 수 있는 모든 해결책이 나왔다. 그런데 딸은 선생님에게 이야기하는 방법은 사용해 보았지만 그 순간뿐이라서 효과가 없다고 하였고, 그 친구를 때려 주는 방법은 자신도 혼나기 때문에 안 된다고 하면서 제시한 대안들의 단점을 이야기하였다. 결국 필자와 딸은 아무런 선택도 하지 못하고 "다시 한 번 생각해 보자"라고 그 문제를 미해결인 채로 남겼다. 그런데 아침이면 유치원에 가지 않겠다고 투정을 부리던 아이가 그다음 날 아침에는 즐겁게 유치원을 갔다. 유치원에서 돌아온 아이에게 친구가 괴롭혔는지 물었더니, 아이는 "물론이지. 오늘도 나보고 바보라고 했어"라고 말했지만 얼굴은 웃고 있었다. 그래서 어떻게 하고 싶은지 물어보자, "생각해 보기로 했어"라며 별 문제가 아닌 듯 넘어갔다. 두 달이 지난 지금도 아이는 그 아이가 여전히 괴롭힌다고 말은 하지만 자신이 그 문제의 통제권을 가지고 있다고 생각해서 심리적으로 힘들어하지 않는다. 물론 아무것도 해결된 것은 없었고, 필자가 해 준 것도 없다. 다만, 아이와 문제를 해결하기 위한 대화를 했던 것뿐이다.

아이와 해결책을 찾아가는 과정은 결과보다는 그 과정을 통하여 아이와 함께 마음을 나누는 큰 효과가 있음을 잊지 말자.

사랑의 욕구

아이의 기본적인 욕구 중에는 타인으로부터 사랑받고 싶은 욕구가 있다. 사람은 사회적 동물로 다른 사람들의 사랑으로 자신의 존재를 확인하려고 한다. 이 마음은 주로 사람과의 관계 속에서 나타나기 때문에 관계 욕구라고도 한다.

특별한 아이도 다른 사람으로부터 사랑을 받고 싶어한다. 공부 잘하기, 노래 부르기, 외모 꾸미기, 어른의 말 잘 듣기, 휴지 줍기 등과 같은 행동으로 다른 사람의 사랑을 받으려고 노력한다.

> 자폐 성향을 가진 현서는 만나는 사람들에게 스티커나 카드를 주기 위해 항상 예쁜 스티커나 카드를 가지고 다닌다. 그리고 새로 만나는 친구에게 스티커나 카드를 건네준다. 그리고 상대방이 고맙다고 하지 않거나 받지 않겠다고 하면 그 자리에서 울어 버린다.

현서에게 스티커나 카드는 자신을 사랑해 달라는 일종의 뇌물이다. 자폐 성향을 가진 아이에 대한 일반적인 상식에 따르면, 이들은 남에게 사랑받고자 남이 좋아하는 행동을 하지 않는다고 알려져 있다. 하지만 자폐 성향을 가진 아이도 남에게 사랑받고자 하는 마음이 있다. 다만, 그 방식이 우리와 다를 뿐인데, 그 이유가 남의 마음을 잘 이해하지 못하는 '마음맹(mindblindness)'이라는 현상 때문이다.

'마음맹'은 타인의 감정이나 생각을 자신의 입장에서만 생각하고 이해하며 공감하는 능력이 부족한 상태를 의미한다. 어린 아이도 엄마가 슬퍼하거나 괴로워하면 엄마를 위로하거나 기쁘게 하기 위해 행동한다. 하지만 자폐 성향을 가진 아이는 자신이 슬프지 않으면 타인도 슬프지 않다고 생각한다. 그래서 타인의 슬픈 마음을 잘 이해하지 못하고 타인의 입장과 마음을 고려하기보다는 자신의 입장에서 행동한다. 예를 들어, 자신이 좋아하는 사람이 있으면 무조건 달려가서 볼에 뽀뽀를 하는데, 타인에게 뽀뽀는 불쾌할 수도 있다는 생각을 미처 하지 못한다. 왜냐하면 자신이 좋으면 상대방도 좋아한다고 생각하기 때문이다. 이런 예들은 특별한 아이가 유치원이나 학교에 입학하면 학기 초에 부모의 고민거리가 된다. 예쁜 여자 친구에게 다가가 냄새를 맡거나 여자 친구를 뒤에서 안아 난처한 경우가 발생하기도 하고, 담임 선생님을 엄마처럼 생각해 다른 아이가 담임 선생님과 이야기하면 그 아이를 미워하며 때리기도 한다. 또는 자신이 좋아하는 아이와 앉게 해달라고 조르고 그 아이를 계속 따라다녀서 상대방 아이가 학교에 오기 부담스러워하는 경우도 있다.

특별한 아이들과 현장 수업을 나간 적이 있었다. 마음에 드는 여자가 있으면 가슴에 얼굴을 묻는 한 아이가 있었는데, 그 아이가 갑자기 어디론가 달려 가더니 낯선 여자의 가슴에 얼굴을 묻은 적이 있었다. 또 한 아이는 놀이동산에서 아이스크림을 먹고 있던 다른 아이에게 아이스크림을 달라고 했는데, 안 준다고 그 아이를 때려서 울린 적도 있다. 이처럼 특별한 아이는 타인의 감정을 읽지 못하여 사회생활에서 종종 실수를 하기도 한다.

　사랑의 욕구는 일차적으로 부모나 가족으로부터 충족되지만 잘 충족되지 않으면 선생님이나 친구, 주변의 가까운 사람으로 그 대상이 옮겨간다. 그리고 자신이 사랑을 받기 위해 선택한 행동으로 사랑을 받을 수 없으면 특이한 행동이나 문제 행동을 통해 사랑을 받고자 한다. 가령, 타인으로부터 관심을 끌기 위해 일부러 특이한 복장이나 머리 모양을 하기도 하고, 학급에서 다른 아이의 주목을 받기 위해 우습고 과장된 행동을 하기도 한다. 또는 또래들에게 멋있게 보이려고 담배를 피우거나 술을 먹는 등의 과시 행동을 하기도 한다.

　중학교 2학년인 화영이는 지적 능력이 조금 낮지만 학교 및 가정생활에서 별 어려움 없이 지냈다. 하지만 부모가 바빠서 화영이와 함께 있어 줄 시간이 부족하고 학교에서도 초등학교부터 친한 친구 없이 생활을 해왔다. 그런데 중학교 입학 후 너무 진하게 향수를 뿌리거나, 눈썹을 밀거나, 튀는 옷을 입는 등 특이한 행동을 하기 시작했다. 친구들과 선생님에게 관심을 받고 싶었던 것이다. 하지만 특이한 행동으로 관심을 받지 못하자 화영이는 어느 날부터 수업 중에 갑자기 노래를 부르거나 큰 소리를 지르기 시작했다. 소리를 지르자 반 친구들과 선생님은 모두 화영이를 쳐다보았다.
　초등학교 3학년인 세준이는 경미한 지적 장애다. 주제에 벗어난 이야기를 해서 친구들의 웃음을 사거나 무시당하기 일쑤였다. 그런데 어느 날 세준이는 수업 중에 소변이 급해서 바지를 엉덩이까지 내리고 화장실로 달려갔다. 그때 반 아이들이 세준이를 보면서 소리 높여 웃었다. 세준이는 그 순간 친구들이 자신을 바라보는 것이 너무 좋았다. 그리고 자신이 사랑을 받는 것 같아서 행복했다. 그날부터 세준이는 수업이 지루하거나 아이들이 자신을 쳐다보지 않는 것 같으면 바지를 내려서 친구들의 웃음을 자아냈다.

동준(7세)이는 동생이 태어나기 전까지 부모의 사랑을 독차지하며 자랐다. 그런데 다섯 살 때 동생이 태어나면서 동준이는 부모의 관심을 받지 못했다. 그래서 동준이는 어머니가 동생을 돌보고 있으면 컵을 던지거나 물건을 베란다 밖으로 던졌다. 그럼 어머니가 동준이에게 다가와서 야단을 치기 때문이다. 동준이 어머니는 갑자기 공격적으로 바뀐 동준이를 이해할 수 없었다. 그리고 물건을 던지기 전에 항상 웃으며 어머니의 얼굴을 쳐다보는 것을 더욱더 이해할 수 없었다.

화영이, 세준이, 동준이는 친구나 어머니로부터 사랑을 받기 위해서 바람직하지 않은 행동을 하고 있다. 특이하고 바람직하지 못한 행동을 하면 타인의 비난과 야단을 받는다는 것을 아이들은 알고 있다. 그럼, 비난을 받을 거라는 것을 알면서도 그 행동을 계속하는 이유는 무엇일까? 바로 비난도 관심이기 때문이다.

지적 능력이 부족한 성민이는 이혼한 아버지와 함께 살고 있는데, 아버지가 생계를 위해 집을 비우는 날이 많았다. 성민이 아버지는 며칠 만에 집에 돌아와서 성민이가 말썽을 부리면 신체적 처벌을 하였다. 그런데 성민이는 아버지의 매를 맞으면서도 아버지가 싫어하는 행동을 계속했다. 성민이 말인 즉, "아버지가 저를 사랑해서 때리는 거예요"라고 하였다. 그때만은 아버지가 자신에게 관심을 보인다는 것이다.

신체적 처벌이나 학대를 받으면서도 계속 그 행동을 하는 것은 이해하기 어려운 부분이다. 특히 처벌받을 만한 행동을 찾아서 하기도 하는데, 한 정신분석학자에 의하면 사랑을 받지 못한 사람은 학대도 사랑으로 받아들이기 때문이라고 한다.

사랑의 욕구는 사람의 행동을 결정하는 가장 강력한 것이다. 이 욕구는 충족될수록 더욱 충족되기를 원하며, 사람과의 관계에서 다양한 행동을 만든다.

그 한 형태가 '환심사기'다. 환심사기는 상대방에게 호의와 관심을 베풀어서 상대방이 자신을 좋아하도록 만드는 것이다. 아이가 상대방의 부당한 요구를 거절하지 못하거나, 선물이나 과자 등을 마구 나누어 주는 것이 여기에 해당된다. 이 행동은 처음에는 상대방에게 관심과 사랑을 받을 수 있다. 하지만 선물은 마음의 빚이다. 언젠가는 상대방에게 갚아야 할 빚이다. 그래서 어느 순간이 되면 환심사기를 하는 상대방이 부담스러워지고 피하게 된다. 한편 선물을 주는 사람도 상대방이 자신에게 고마워하지 않으면 '내가 너에게 이렇게 해 주었는데, 나에게 이것 밖에 못하니?'라는 생각이 들어서 섭섭해지고, 심지어 관계가 멀어지기도 한다.

또 다른 형태로는 '의존하기'가 있다. 의존하기는 '나는 힘이 없고 약한 사람입니다. 그러니 저를 버리지 말아 주세요'라는 메시지를 상대방에게 주는 것이다. 즉, 사랑받기 위해서 다른 사람에게 자신이 약하고 힘이 없어서 상대방의 보살핌이 필요한 사람이라는 인식을 심어 주는 것이다. 이 형태를 사용하는 아이는 자주 아프다고 호소를 하거나, "저는 잘 못해요", "도와주세요"라는 말을 자주 사용한다. 물론 이 행동은 특별한 아이에게만 나타나는 것은 아니다. 밖에서 주로 생활하는 남편의 관심을 받기 위해 자주 아픈 부인이나, 형제들이 셋이나 되는 집안에서 부모의 관심을 받기 위해 자주 아픈 아이의 경우에도 해당이 된다.

매사에 느리다는 이유로 상담실에 온 아이가 있었다. 부모는 아이의 지능이 낮아서 느리다고 생각하였다. 그런데 지능검사 결과, 오히려 다른 아이들에 비해 우수한 수준이었다. 그런데도 아이는 항상 느리고 다른 아이에 비해 부족한 것 같은 모습을 보였다. 그래서 그 부모의 마음에는 '이 아이가 느리고 부족하니 우리가 계속 돌봐줘야 한다'는 생각이 자리하고 있었고, 다른 형제에 비해 관심을 더 많이 주었다. 물론 의도적으로 아이가 부모의 관심을 얻기 위해 느리고 부족한 모습을 보인 것은 아니다. 하지만 서로 주고받는 것이 있는 관계를 오랫동안 지속하다보니 얻어지는 것이 있다는 것을 알게 된 것이다.

마지막 형태는 '힘행사하기'다. 이 행동을 하는 아이의 마음에는 자신이 능력이 있고 힘이 있을 때만 사랑을 받을 수 있다는 생각이 자리하고 있다. 힘을 보여 주기 위해 다른 아이에게 폭력적이고 지배적인 행동을 하거나, 자신의 뜻대로 되지 않으면 화를 내거나 상대방을 공격한다. 이 아이가 대인 관계에서 주로 사용하는 말은 "내 말대로 해"라는 협박의 말이다.

'짱'으로 불리는 석훈이는 공격적 행동으로 다른 사람들의 비난을 받는다. 사랑반(일반학교에 특별한 아이들을 개별 지원하기 위한 반)에 들어서자마자 자신보다 약한 아이들에게 소리 지르고 마음대로 되지 않으면 화를 낸다. 물론 석훈이의 공격적 행동은 처음부터 생긴 것은 아니다. 학교에 입학했을 때 석훈이는 얌전한 아이였다. 하지만 다른 친구들이 석훈이에게 심부름을 시키고 괴롭히면서 석훈이는 또래 관계는 힘이 센 아이가 대접받는다는 것을 배웠다. 그리고 배운 것을 사용해 보니 같은 장애 친구들이 자신을 두려워하고 자신의 말을 잘 듣는 것을 알게 되었다.

모든 사람은 화를 느낀다. 하지만 그 표현 방식은 다 다르다. 아이가 사용하는 화의 표현 방식은 주로 보고 배운 것이 많다. 그래서 남을 때리는 아이에게는 때리는 환경(부모, 교사, 친구)이 있으며, 소리를 지르는 아이에게는 소리 지르는 환경이 있다. 아이가 남을 때리고 있다면 혹시 아이 주변에 그런 사람이 있는지 먼저 살펴보아야 한다.

특별한 아이의 공격적 행동도 학습에 의한 것이 대부분이다. 이들도 화나는 마음을 가지고 있다가 주변 사람들이 화를 표현하는 방식을 보고 그대로 모방한다.

주의력 결핍과 지적 장애를 가지고 있는 정현이는 학교에서 아이들에게 소리 지르고 물건을 던지는 행동 때문에 담임 선생님으로부터 특수 학교로 전학을 가라는 권고를 받았다. 주변 사람들도 정현이의 행동이 정현이가 가지고 있는 장애 때문이라고 말하며, 정현이의 행동을 바꾸기 위해 행동치료와 심리치료를 권하였다.

정현이의 공격적 행동은 초등학교에 입학하면서부터 나타나기 시작했다. 약물치료와 심리치료를 병행하고 있지만 정현이의 행동은 더욱 심해졌다. 그런데 면담을 진행하면서 알게 된 사실은 정현이의 아버지는 정현이가 학교에서 친구들에게 공격적인 행동을 한 날에는 "너도 똑같이 아픔을 느껴봐야 한다"라며 정현이를 때린다는 것이다. 그리고 정현이의 담당 특수 선생님도 정현이의 행동을 바로 잡겠다는 생각으로 정현이가 친구에게 소리를 지른 날은 정현이를 신체적으로 처벌하였다. 한번은 정현이가 현장 학습에서 화를 내고 선생님 말을 듣지 않았다는 이유로 학교에 돌아와서 실내화로 정현이의 등을 때린 적도 있었다.

아이의 공격적 행동을 지도하겠다는 이유로 아이에게 신체적 처벌을 가하면서 아이가 다른 사람을 공격하는 행동은 나쁘다고 가르치는 것은 모순이다. 아이는 자신의 화난 마음이나 갈등을 공격적인 행동으로 해결하는 방법을 다른 사람과의 관계에서 배우기 때문이다. 아이의 공격적 행동을 멈추고 싶다면, 지금 당장 아이를 때리는 행동을 중단해야 한다.

Q 자폐 성향을 가진 아이도 사랑을 할 수 있을까

A '자폐 성향을 가진 아이도 사랑을 할 수 있을까?'라는 질문을 많은 사람에게서 받는다. 간혹 몇 년씩 필자에게 교육을 받은 아이가 길에서 필자를 몰라보면 필자도 이런 의문이 들기도 한다.

이 의문의 해답을 찾기 위해 많은 학자가 노력하였다. 그 예로 아이가 태어나서 부모에게 처음으로 느끼는 사랑인 애착을 자폐 성향을 가진 아이도 느낄 수 있는지, 자폐 성향을 가진 성인도 이성간의 사랑을 느낄 수 있는지에 대한 해답을 찾고자 하였다. 그 답은 '예스'다.

자폐 성향을 가진 아이도 일반 아이와 같은 방식은 아니지만 영아 시절에 어머니와 애착을 형성한다. 그 예로 낯선 사람과 어머니가 함께 있으면 어머니에게 다가가서 안기고, 어머니의 목소리를 들으면 심장 박동수가 빨라진다. 또한 좋아하는 이성이 다가오면 심장 박동수가 빨라지며 사랑에 빠진 사람이 보이는 것과 똑같은 신체 반응을 보인다.

성우라는 청년이 있었다. 필자의 상담실에 여자 선생님들이 많은데, 그중 제일 예쁜 여선생님만 보면 얼굴이 빨개져서 "송미경 선생님!", "송미경 선생님, 어디 살아? 수원 살지?"라고 말하면서 그 여선생님을 졸졸 따라다닌다. 처음에는 선생님이 사는 곳이

궁금해서 자꾸 물어본다고 생각했는데 선생님이 사는 곳을 알려 주었는데도 계속 그 선생님을 따라다녔다. 하루는 필자가 "송미경 선생님 좋아?"라고 물어보자, "송미경 선생님 좋아"라고 대답하였다. 이어서 "김은실 선생님은 좋아?"라고 물어보자 "김은실 선생님 안 좋아"라고 말해 한바탕 웃은 적이 있었다. 좋아하는 선생님을 보면 얼굴이 빨개지고 해맑은 웃음을 짓는 그 청년을 보면서 꼭 연구 결과가 아니더라도 자폐 성향을 가진 아이도 사랑을 느낀다는 것을 알 수 있다.

Q 몇 살이 되면, 타인의 마음을 공감할 수 있을까

A 타인의 마음이나 기분은 생후 2개월 된 아이도 알 수 있다. 어머니가 찡그린 얼굴을 하면 아이도 어머니처럼 찡그린 얼굴을 하고 어머니의 얼굴을 피한다. 하지만 이 나이에는 타인의 좋은 기분과 나쁜 기분을 정확하게 구별할 수 없다. 진정으로 타인의 기분이나 마음을 알고 상대방의 입장에서 생각할 수 있는 능력은 만 4세경이 되어야 가능하다. 그 이전의 아이는 상대방이 좋은 기분인지 나쁜 기분인지를 구별할 수 있지만, 행동은 자신의 입장에서만 한다.

　다음은 아이가 타인의 마음을 아는 시기를 알아보는 '셀리의 바구니'라는 실험이다.

　자, 한번 실험에 참석해 보자.

영수가 책을 읽고 있다. 그 책을 읽다가 어머니가 불러서 책을 파란 바구니 안에 넣고 밖으로 나갔다. 그런데 동생이 들어와서 그 책을 다시 읽고 책을 빨간 바구니 안에 넣고 나갔다. 영수가 돌아와서 다시 책을 읽으려고 책을 찾으려면, 어떤 색 바구니에서 책을 찾아야 할까?

정답은 바로 '파란 바구니'다. 하지만 만 3세 이하의 아이는 빨간 바구니라고 답한다. 아이는 자신이 빨간 바구니에 들어있는 책을 보았기 때문이다. 하지만 만 4세 이상의 아이는 파란 바구니라고 답한다. 이 나이의 아이는 자신이 본 것보다 책을 놓고 나간 아이의 입장에서 생각할 수 있기 때문이다.

이 실험은 아이가 타인의 입장을 생각할 수 있는 나이에 대한 궁금증을 풀어 준다. 아이는 만 4세 이상이 되면 타인의 입장을 고려하고 타인의 마음을 공감할 수 있다. 그래서 다른 친구가 울면 그 친구를 위로할 수 있으며, 외로운 친구가 있으면 그 친구와 놀아 줄 수 있다. 하지만 자폐 성향을 가진 아이는 만 4세가 되어도 이 실험을 통과하지 못한다. 즉, 타인의 마음을 잘 공감하지 못한다는 의미다.

그러나 자폐 성향을 가진 아이도 학습에 의해 타인의 마음을 이해할 수 있다고 주장하는 사람도 있다. 이런 주장을 하는 사람들은 자폐 성향을 가진 아이에게 타인의 마음을 공감할 수 있도록 타인의 표정을 읽는 연습, 상황에 따라 상대방 기분을 유추하는 방법 등을 교육시킨다. 영화 〈말아톤〉에서 의사가 주인공에게 여러 가지 표정이 그려져 있는 카드를 보여 주고 기분과 감정을 묻는 장면이 나온다. 그 표정 카드들은 자폐 성향을 가진 아이에게 마음읽기를 교육하는 자료다. 카드를 보여 주고, '다른 친구가 선물을 준다면 어떤 기분일까?', '나는 아이스크림이 먹고 싶은데 어머니가 과자를 사 준다면 기분이 어떨까?'라는 질문을 하고 대답할 수 있도록 교육한다.

그런데 한 가지 의문이 든다. 타인의 기분을 교육을 통해서 학습했다고 다른 사람의 마음을 공감할 수 있을까?

공감에는 인지적 공감, 정서적 공감, 행동적 공감이 있다. 인지적 공감은 다른 사람의 기분이나 생각을 이해하는 것이고, 정서적 공감은 상대방의 기분을 똑같이 느끼는 것이다. 행동적 공감은 자신이 느끼고 이해한 것을 표현하는 것이다. 이 세 가지가 모두 이루어져야 상대방은 공감을 받았다고 느끼게 된다. 이중에 하나만 부족해도 상대방은 공감 받았다는 느낌을 가지지 못한다. 가령, 머리로는 상대방의 상황이나 기분을 이해하지만 그런 기분을 느끼지 못한다면 말로 공감을 해 주어도 상대방은 그 말의 진실성을 느끼지 못한다. 또 상대방의 상황이나 마음을 이해하고 같은 마음을 느끼지만 그것을 말이나 몸으로 표현하지 않는다면 상대방에게 공감을 받았다는 느낌을 줄 수 없다.

자폐 성향을 가진 아이에게 타인의 마음을 이해시키는 교육은 인지적 공감을 향상시킨다. 머리로 상대방의 마음을 이해할 수 있도록 도울 수 있지만, 마음으로 상대방과 같은 기분을 느끼도록 교육할 수는 없다. 또 상대방이 슬퍼하면 말로 "슬퍼하지 마세요",

"속상해하지 마세요"와 같이 행동적 공감을 교육할 수 있지만 역시 정서적 공감이 이루어지지 않으면 한계가 있다. 그래서 자폐 성향을 가진 아이에게 타인의 마음을 공감할 수 있도록 하기 위해서는 인지적 공감과 행동적 공감뿐 아니라 정서적 공감을 이끌 수 있는 교육이 필요하다. 그렇다면 정서적 공감은 어떻게 생길까?

Q 정서적 공감은 어떻게 생길까

A 정서적 공감은 말 그대로 상대방과 같은 마음을 느끼는 것이다. 옛 고서(맹자孟子의 '공손추편公孫丑篇')에 '측은지심(惻隱之心)'이라는 말이 있다. 측은지심은 타고나는 능력이기보다는 후천적 경험에 의해 발달하는 능력이다. 왜냐하면 다른 사람의 마음을 이해하기 위해서는 자신도 비슷한 경험이 있거나, 타인에게 공감받았던 경험이 있어야 하기 때문이다.

아스퍼거 증후군을 가진 남자의 사랑 이야기를 그린 〈내 이름은 칸〉이라는 인도 영화가 있다. 아스퍼거 증후군은 자폐성 범주의 하나로 타인의 감정이나 기분을 잘 알지 못하는 특성이 있다. 영화에서 동생이 자신 때문에 속상해 하자, 주인공의 어머니가 동생의 머리를 쓰다듬으며 "착한 아이"라고 말하는 장면이 있다. 그때 주인공은 그 장면을 유심히 바라보기만 한다. 성인이 되어,

동생이 슬퍼하는 모습을 보고 어릴 때 어머니가 했던 것처럼 머리를 쓰다듬으며 "착한 아이"라고 하며 동생을 위로하는 장면이 나온다. 행동적 공감은 적절하지 않지만 동생이 슬퍼하고 있는 것을 알고 자신도 똑같이 느끼는 장면이다. 영화라는 가상의 설정도 있지만 실제로 많은 자폐 성향을 가진 아이들은 타인의 마음을 정서적으로 공감할 수 있다. 단 표현 방식이 우리와 다를 뿐이다.

열다섯 살 된 자폐 성향을 가진 아이는 어머니가 자신 때문에 혼자 우는 모습을 보고 거실을 이리저리 뛰어다니며 소리를 질렀다. 그 아이의 모습이 어떻게 보이는가? 슬프다고 하기에는 다소 부적절해 보이지만 그 아이는 어머니가 우는 것을 보고 가슴이 아파서 어쩔 줄 모르고 이리저리 뛰어다닌 것이다. 즉, 정서적 공감이 일어나는 것이다. 또 TV에서 어떤 아이가 무서운 개에게 쫓기는 장면이 나오면 자신의 머리를 벽에 박으며 우는 아이도 있다. 이 또한 정서적 공감이 일어나는 것이다.

정서적 공감은 교육이 아니라 사람과 살아가는 무수한 경험을 통해 가능해진다. 따라서 자폐 성향을 가진 아이에게 정서적 공감을 가르치기 위해서는 세상의 다양한 일을 경험할 수 있는 기회를 제공해야 한다.

자아 성장의 욕구

사람은 누구나 자아 성장의 욕구를 가지고 있다. 특별한 아이도 여러 가지 도전을 통해 자아를 실현하고 자신의 잠재 능력을 충분히 발휘하고자 한다. 자아 성장의 욕구는 모든 사람에게 있지만 그 욕구가 실현되고 성취되는 것은 사람마다 다르다. 많은 사람은 자아 성장의 욕구가 실현되기 위한 결정적 요인을 자존감이라고 말한다.

자존감은 자신을 귀하게 여기는 마음으로 자신에 대한 스스로의 긍정적인 평가다. '나는 _____한 사람이다'라는 문장에 채워지는 글로 자신의 자존감을 간단하게 평가할 수 있다. 가령, 이 문장에 '나는 소중한 사람이다', '나는 가치롭다', '나는 멋지다'와 같은 글을 완성하면 자존감이 높은 것이다. 하지만 '나는 야단만 맞는다', '나는 힘이 없다', '나는 죽고 싶다'와 같은 문장은 자존감이 낮다는 것을 보여 준다.

자존감은 앞으로 아이가 살아가는 데 좌절과 곤경을 이겨낼 수 있는 내적 힘이 되며, 삶의 원동력이 된다. 아이가 원하는 것은 상황에 따라 이루어질 수도 있고 없을 수도 있다. 가령, 아이는 음식점에서 마구 뛰어다니며 여러 가지를 탐색하고 싶은데 음식점에서 뛰면 다른 사람들에게 피해를 준다. 이처럼 자신이 원하는 일이 이루어지지 않으면 아이는 좌절한다. 하지만 긍정적인 자존감을 가진 아이는 자신이 좋아하는 일이나 원하는 것이 뜻대로 잘 안 되어도 '나는 할 수 있어', '내가 원하는 걸 얻으려면 다른 방법을 찾으면 돼'라고 융통성 있게 생각한다. 그리고 좌절이나 실패를 기꺼이 견디고 자신이 좋아하는 일을 끝까지 해내려는 태도를 보인다. 반면에 자존감이 낮은 아이는 이와 반대로 '나는 해도 안돼', '어쩔 수 없어' 등의 부정적인 생각을 하며, 작은 실수나 실패에도 좌절을 느끼며 깊은 슬픔에 잠긴다.

자존감은 저절로 형성되는 것은 아니다. 자존감의 형성 과정이나 영향을 주는 요인은 다양하지만 주요한 요인은 타인의 반응이다. 주변 사람들이 아이의 행동이나 욕구, 생각, 감정 등을 비난하거나 비판하지 않고 그대로 공감하고 수용해 준다면 아이는 '나는 괜찮은 사람이다'라고 생각하며 긍정적인 자존감을 형성한다. 하지만 주변 사람들이 아이의 행동이나 생각을 '너무 유치하다', '그러니 아이들이 바보라고 놀리지', '그것 밖에 못해' 등과 같이 비난하거나 비판하면, 아이는 '나는 작고 보잘것없는 사람이다'라는 부정적인 자존감을 가지게 된다.

특별한 아이도 주변 사람의 반응에 의해 자존감이 형성된다. 장애를 가지고 있지만 아이가 가진 능력을 알고 아이에게 '너는 할 수 있다'라는 생각을 심어 주는 말 한마디는 아이에게 자존감을 높여 준다. 하지만 아이가 장애라는 이유로 아이가 스스로 할 수 있는 것들을 모두 부모나 주위 사람들이 해 주거나 아이에게 '너는 할 수 없어'라고 말한다면, 아이는 자신을 무능력한 사람으로 생각하며 낮은 자존감을 가질 것이다.

중학교 2학년 한수는 조산으로 인큐베이터 안에서 2개월 간 자랐다. 그리고 자라는 동안 신체 및 언어 발달 등이 늦어 항상 늦되는 아이였다. 이런 한수가 항상 마음에 걸렸던 한수의 부모는 한수를 다른 아이에게 뒤지지 않도록 학업은 물론 운동과 피아노 등을 개인 과외를 시켰다. 그리고 기대만큼 한수가 따라 주지 않거나 다른 아이들에 비해 뒤쳐지는 것처럼 보이면 "이것도 못하니? 바보로 살고 싶니?"와 같이 한수를 비난하였다. 한번은 상담 중에 입을 손으로 가리고 말하는 한수의 행동이 이상해 그 이유를 물었더니, 아버지가 "다른 사람과 말하면 다른 사람들이 네가 말 못하는 것을 알아차리고 널 무시하니, 다른 사람 앞에서는 말을 하지 마"라고 말씀하셨다고 하였다.

한수는 학교나 가정에서 아무것도 하지 않고 무기력하게 있다. 스스로 무언가를 할 수 있다고 생각하지 않고 무언가를 시도하는 것도 두렵다. 자신은 무능력하고 부족한 사람이기 때문이다. 이처럼 주변 사람의 부정적 평가는 아이를 무기력하고 무능하게 만든다. 무심코 던진 말 한마디가 아이의 자존감을 깎아 내린다. 하지만 이와 반대로 장애를 가지고 있지만 아이가 가진 능력을 충분히 발휘하도록 하는 부모도 있다.

다운증후군을 가진 유선이는 고등학교 졸업반이다. 현재 일반 고등학교 통합반에 다니고 있는데 다른 아이들이 진로로 고민할 때 유선이는 자신의 꿈을 향해 오늘도 즐겁게 생활한다. 어린 시절부터 유선이는 남 앞에서 노래하고 춤추는 것을 좋아했다. 유선이의 부모는 유선이가 춤추고 노래를 할 때마다 즐겁게 봐 주고 잘한다고 격려해 주었다. 유선이는 자신이 춤과 노래에 재능이 있다고 생각했고, 다른 사람들 앞에서 자신의 능력을 자랑하고 싶어했다. 유선이는 지금 장애인 예능단에 입단하여 다른 장애인 시설을 방문하여 공연을 하고 있다.

유선이 부모는 유선이가 다른 아이에 비해 춤과 노래를 잘해서 이를 격려한 것이 아니다. 유선이가 좋아하는 것을 같이 좋아해 주고 격려했을 뿐이다. 이런 부모의 격려는 유선이에게 춤과 노래를 잘한다는 생각을 심어 주었으며, 자신이 가진 능력을 발휘하는 원동력이 되었다.

특별한 아이가 자아를 실현하고 성장하도록 돕기 위해서는 주변 사람들의 시선이 중요하다. 하지만 자아를 실현하기 위한 행동이 문제 행동으로 오해받는 경우도 있다. 장애라는 색안경을 끼고 아이를 바라보면 아이의 모든 행동이 문제 행동으로 보이며 아이의 장점이나 능력을 찾을 수가 없게 된다. 특별한 아이는 장애 유형에 따라 자아 성장의 욕구가 달리 표현된다.

동수는 사람들을 만나면 야구 이야기만 한다. 그리고 대부분의 시간을 인터넷에서 야구 정보를 수집하거나 야구 중계를 본다. 야구 팀, 선수, 승률 등 정말 많은 정보를 알고 있는 동수는 학교나 집에서 만나는 사람들마다 먼저 야구 이야기를 꺼낸다. "롯데가 3대 2로 이겼다. 1999년에는 롯데가 졌다"와 같이 다른 사람들이 관심이 있건 없건 자신이 좋아하는 이야기만 한다. 부모와 선생님은 동수의 행동을 자폐 아동이 보이는 집착이라고 생각해 동수에게 인터넷으로 야구를 보지 못하게 하고 야구에 관한 이야기를 꺼내면 야단을 쳤다.

동수의 행동을 조금 다른 관점에서 바라보면, 야구에 대한 관심은 동수의 특별한 능력일 수 있다. 실제로 동수는 야구 해설가가 되는 것이 꿈이다. 동수가 야구 해설가가 될 수 있을지는 모르지만 동수가 자신의 꿈을 위해 인터넷에서 정보를 모으고, 많은 사람들에게 자신이 알아 낸 정보를 이야기하는 열정은 인정받기에 충분하다.

이처럼 스포츠에 대한 관심이 장애를 극복하는 원동력이 된 실제 사례도 있다. 그리스의 제이슨 맥얼웨인이라는 청년은 어린 시절, 중증 자폐성장애로 진단을 받았으나, 형 조시를 따라 농구를 시작했다. 그 후 장애에 대한 많은 편견에 부딪쳤으나 '집중을 유지하라'라는 자기 암시와 격려를 통하여 고등학교에서는 농구팀 매니저 역할을 맡았으며, 그리스 아테나 트로잔 팀이 우승하도록 결정적 기여를 하였다.

올해 외국어 고등학교에 진학한 상혁이도 장애 특성을 자신의 재능으로 발전시킨 사례다.

올해 외국어 특목고에 진학한 상혁이는 다섯 살 때 아스퍼거 증후군이라는 진단을 받았다. 그런데 상혁이는 어릴 때부터 한글을 비롯하여 영어와 한문 등 문자에 관심을 보여 스스로 세 살 때 컴퓨터나 간판으로 한글, 영어, 한문을 모두 습득하였다. 또한 또래들이 장난감을 가지고 놀 때 상혁이는 글씨를 쓰며 놀았다. 상혁이는 유치원과 초등학교에서도 다른 아이들과 달랐다. 주위 사람들은 상혁이에게 더 이상 책을 읽지 않게 하는 것이 좋겠다고 상혁이 부모에게 조언을 하였지만 상혁이 부모는 그런 상혁이의 장애 특성을 재능으로 생각하고 아이가 원하는 자극을 적극적으로 제공하였다.

많은 특별한 아이들이 어릴 때 보였던 재능을 청소년기나 성인기까지 유지하는 경우가 드물다. 그 이유는 주변 사람들이 이들의 행동을 장애라는 시각으로 바라보면서 아이의 행동을 고치려하기 때문이다. 특별한 아이의 자아 성장을 돕기 위해서는 아이의 행동을 장애라는 색안경으로 바라보기 전에 아이가 자아를 실현하려는 행동으로 바라보는 것이 필요하다. 다음 사례는 아이의 부모가 아이의 재능을 인정하고 수용하여 아이가 자신의 꿈을 찾아간 사례다.

오래 전부터 알고 지내던 어머니로부터 "진호가 바둑학과에 편입했어요"라는 메시지가 왔다. 진호는 다섯 살 때 중중 자폐 진단을 받았다. 필자가 진호를 처음 만났을 때, 진호는 아직 말을 하지 못했고 자동차 바퀴를 좋아하여 하루 종일 자동차 바퀴를 돌리면서 놀았다. 또 밖에 외출하면 엘리베이터를 찾아서 아파트 단지를 누비며 다녔다. 진호는 자폐성장애가 보이는 전형적인 특성들을 보였지만 가족들은 진호를 자폐아로 생각하기보다는 좀 특별한 아이라고 생각하였다. 진호가 자동차 바퀴를 돌리고 놀면 "아이가 자동차에 관심이 많아서 자동차 설계사가 될 것 같아요"라고 하였고, 엘리베이터를 찾아서 아파트 단지를 누비면 "진호는 우리 동네 반장이에요"라고 하였다.

초등학교에 입학할 당시에도 진호의 부모는 진호가 특별하지만 나름대로 학교생활에 적응할 수 있다고 믿으며 일반 초등학교에 입학시켰다. 하지만 그 과정은 부모의 생각처럼 쉽지 않았다. 진호는 아이들에게 계속 놀림을 받았고, 어떤 날은 심하게 맞고 온 날도 있었다. 그럴 때마다 진호의 부모는 친구들에게 진호의 특별한 점들을 이야기해 주었다. 이런 과정들을 거쳐서 진호는 초등학교를 졸업하였고, 중학교, 고등학교에 진학하였다. 물론 그곳에서도 진호는 여전히 섬 같은 존재로 아이들과 잘 어울리지 못했다. 또한 반 아이들과 한곳에서 교육을 받는 것도 그리 쉽지 않았다. 우선 학업의 차이도 있지만 일반 아이들의 편견과 싸워야 했다. 하지만 진호의 부모는 진호가 성장하고 있다고 믿으며 진호의 꿈을 찾아 주고자 하였다.

진호는 어린 시절부터 TV에서 방송되는 바둑 프로그램을 좋아했다. 그래서 스스로 바둑 급수 시험을 쳐 단수를 얻었다. 대학을 진학할 때 진호는 바둑학과에 가고 싶었지만 성적이 되지 않아서 포기해야 했다. 하지만 진호는 바둑학과에 대한 꿈을 버리지 않고 TV 프로그램으로 바둑을 배웠다. 그리고 드디어 바둑학과에 편입하게 되었다.

진호는 자신이 좋아하는 것을 꿈으로 삼았고 그 꿈을 포기하지 않았다. 또한 그 부모는 하루에 8시간 이상 TV로 바둑을 보는 진호를 이상하게 생각하지 않고 진호의 꿈을 현실로 만들어 주었다. 바둑 학원에 한 번도 다니지 않고 오직 TV로만 바둑을 배운 진호는 자신의 장애 특성을 장점으로 개발한 것이다.

자폐 성향을 가진 아이들은 많은 능력을 가지고 태어난다. 하지만 그 능력은 사회적으로 바람직하지 않다는 이유로 또는 너무 자폐적이라는 이유로 무시되고 존중받지 못한다. 이들이 가진 능력을 아이의 강점으로 개발하기 위해서는 아이의 행동을 긍정적인 관점으로 바라보는 태도가 필요하다. 다음 그림은 자폐 성향을 가진 초등학교 6학년 아이의 그림이다.

가족끼리 버스를 타고 여행을 갔던 일을 그린 그림이다. 이 아이는 말을 전혀 하지 못하지만 그림으로 가족과 즐거웠던 경험을 표현할 수 있다.

'백조도 집단 따돌림을 합니다'

며칠 전 필자의 아이가 학교에서 돌아와서 "엄마, 학교에서 집단 따돌림을 받았어요"라고 하였다. 가슴이 철렁하여 그 이유를 물어보자, "저 혼자 왼손으로 밥을 먹어요. 그런데 아이들이 왼손잡이는 바보라며 저를 놀렸어요"라고 하였다.

우리 주변에는 따돌림으로 상처를 받는 사람들이 많다. 그리고 누구나 한 번은 따돌림의 경험이 있었을 것이다. 그 이유도 정말 다양하다. 어린 시절에는 왼손잡이라서, 키가 작아서, 못생겨서, 돈이 없어서, 공부를 못해서, 운동을 못해서 등 주로 외적인 것들이 이유가 되지만, 나이가 들면 성격이 괴팍해서, 나와 맞지 않아서, 생각이 달라서 등 주로 성격이나 성향과 같이 보이지 않는 것들이 이유가 된다.

우리는 누군가를 만나면, 그 사람이 어떤 사람인지 알기를 원한다. 그 사람의 고향, 취미, 성격, 생각, 버릇, 좋아하는 것 등 가능하면 재빨리 알아차리고 싶어한다. 그럼, 왜 우리는 사람들을 빨리 알기를 원할까? 그 답은 간단하다. 상대방을 알아야 나를 지킬 수 있기 때문이다. 그 사람을 알고 싶은 열망에는 단순한 호기심도 있지만 상대방을 재빨리 알아차려서 그 사람에게 대처하고 싶은 동물적 본능이 우리의 무의식 안에 자리하고 있기 때문이다. 동물이 낯선 동물을 만나면 그 동물의 생김새나 냄새를 통해 위험을 알아차리는 것처럼 말이다.

심리학은 이처럼 사람을 알고자 하는 열망으로 이루어진 학문이다. '사람들은 무슨 생각을 하는지?', '그들의 진심은 무엇인지?', '사람의 사고나 창의적 활동들은 어떻게 일어나는지?', '사람의 감정은 어떻게 만들어지는지?', '사람들은 언제 공격적인 행동을 하는지?' 등 사람에 대한 수많은 호기심과 관심의 결과가 현재의 심리학이라 해도 과언이 아니다.

사람에 대한 관심은 '뚱뚱한 사람은 마음이 넓다', '눈이 찢어진 사람은 성질이 고약하다', '마른 사람은 신경질적이다', '둘째는 사교적이다', '여자는 남자보다 섬세하다', '남자가 여자보다 3배 빠르게 사랑을 느낀다'와 같이 사람들의 차이를 분류하고 범주화한다. 범주화는 같은 속성과 특성끼리 묶는 것으로 상대방이나 상황을 빠르게 파악할 수 있도록 만드는 장점이 있다. 반면 범주화는 '우리'와 '타인'이라는 개념을 만들어 차별의 근원이 되기도 한다. 이런 차별의 대표적인 사회적 현상이 '집단 따돌림'이다.

집단 따돌림은 상대방을 놀리거나, 때리거나, 비난하는 등 직접적인 방법도 있지만, 상대방이 들어오면 그 자리를 피하거나, 물어도 대답을 하지 않거나, 과제가 있어도 말해 주지 않는 등 소극적인 방식의 집단 따돌림도 있다.

집단 따돌림은 인간만의 사회적 행동은 아니다. 백조의 경우도 흑조가 태어나거나 색이 다른 백조가 태어나면 부리로 쪼아서 그

무리에서 내쫓는다고 한다. 이들은 색깔이 다르다는 이유로 집단 따돌림을 한다. 백조들에게는 흰색을 유전적으로 보존하고 싶은 욕구가 있기 때문이다.

인간의 집단 따돌림은 다양한 이유로 인해 일어나지만 그 집단 따돌림의 이유 안에는 나를 보호하고 싶은 무의식적 본능이 공통적으로 있다. 가령, 얼굴이 못생긴 사람을 따돌리는 것은 자신의 얼굴이 못생기면 안 된다고 생각하기 때문이다. 즉, 따돌림의 이유는 나의 두려움의 일부다.

–이 글의 일부는 필자가 〈단대신문〉(2011 .11. 1)에 기고했던 내용입니다–

제2부

특별한 아이들의 이야기

나는 수수께끼 아이다.

난 난독증을 가졌다. 그리고 지금도 여전히 읽는 것이 힘들다.

당신에게 문제가 있다는 것을 받아들여라.

자기 자신에 대해 유감스러워하지 마라.

도전하라.

절대로 멈추지 마라.

-넬슨 록펠러-

세상을 정확히 볼 수 있는 유일한 방법은
마음으로 보는 것이다.
진정한 본질은 눈에는 보이지 않는다.

(앙투안 드 생텍쥐페리의 「어린 왕자」 중에서)

자폐 성향을 가진 특별한 아이들

자폐성장애(Autistic Disorder)는 대중 매체를 통하여 어느덧 우리에게 친숙하게 다가온 장애다. 영화 〈레인맨〉이나 〈말아톤〉의 주인공들이 경험하고 있는 장애로, 1943년 소아정신과 의사였던 캐너(Kanner)에 의하여 처음 소개되었다. 자폐성장애는 '사회적 상호 작용의 어려움', '의사소통의 어려움', '제한적이고 반복적인 특성을 보이는 행동과 관심' 같은 세 가지 주 특성을 보인다. 이 특성들은 18개월 이전에 나타나기 시작하여 유아기가 되면 분명하게 나타난다. 그러나 개인마다 정도와 형태가 달라 특정한 한 가지 행동만을 가지고 자폐성장애라고 단언할 수는 없다.

자폐성장애의 첫 번째 특성인 사회적 상호 작용의 어려움은 의도적으로 눈 맞춤을 피하거나, 다른 사람이 불러도 대답을 하지 않거나, 전혀 반응을 보이지 않을 수도 있다. 호명(呼名)에 대답은 해도 사람의 마음을 잘 이해하지 못하고 감정을 공유하거나 나누는 것이 어려울 수도 있다. 그래서 다른 사람이 슬퍼하거나 두려워하는 것을 잘 느끼지 못하고 다른 사람을 기쁘게 하는 행동을 하지 않을 수도 있다. 때로는 중의적 의미가 내포된 농담이나 유머 등을 이해하지 못하여 남의 말에 불쑥 화를 내거나 문자 그대로 해석하여 오해를 하기도 한다.

영화〈말아톤〉에서는 주인공이 사람과 눈을 마주치지 않는 장면과 "엄마가 아프면, 초원이는 슬플까? 기쁠까? 놀랄까?"라는 질문에 답을 하지 못하는 장면이 나온다. 이런 장면은 자폐 성향을 가진 특별한 아이가 전형적으로 보이는 특성인데, 다른 사람의 감정을 이해하지 못해서 생기는 행동이다.

또한 언어 및 의사소통의 문제도 매우 다양한 형태로 나타난다.〈말아톤〉의 주인공 초원이는 다른 사람의 말을 그대로 따라 하고 교육을 받아도 동생에게 존댓말을 쓴다. 자폐성장애는 말을 전혀 습득하지 못하는 경우도 있고, 말을 해도 그 의미를 이해하지 못하고 반향어의 형태로 나타나거나, 부적절한 발성이나 강세, 모노톤의 억양으로 말하기도 한다.

마지막으로 자폐성장애는 제한적이고 반복적인 행동을 하거나 특정한 물건에 지나친 관심을 보인다. 그 예로, 한 가지 장난감이나 활동에 지나치게 몰입하거나, 특정 일과나 순서를 따르는 동일성에 대한 비합리적인 집착을 보이거나, 손이나 머리를 흔들거나, 이상한 자세를 취하는 등 반복적인 행동을 보이기도 한다. 영화〈말아톤〉의 주인공은 공사 중이라는 표시가 있어도 그 길로만 가겠다고 고집을 부리고, 다른 음식은 안 먹고 초코파이만 먹거나, 얼룩말을 좋아하여 동물원에서 얼룩말을 찾아가다가 어머니를 잃어버리고, 얼룩무늬가 있는 여자 핸드백이나 치마를 따라가다 봉변을 당하기도 한다.

지금까지 자폐성장애의 원인과 치료를 위한 수많은 노력이 있었지만 현재까지 정확한 원인과 치료 방법은 밝혀지지 않았다. 이들은 대체적으로 약 70~80%정도가 지적 장애를 함께 가지고 있지만, 〈레인맨〉에 나오는 주인공처럼 지도 외우기, 버스나 지하철 노선 외우기, 역사적 사건 외우기, 한자나 영어 습득, 수영과 같은 운동이나 음악·미술과 같은 예술적 영역 등에서 특별한 능력을 보이기도 한다. 최근 자폐성장애에 대한 교육과 치료는 이들의 부족한 영역을 보완하기보다 이들이 가진 특별한 재능을 찾아서 키워 주는 강점을 강조한 치료와 교육법이 대두되고 있다.

"좋아졌어요"

초등학교 6학년 성주는 지능이 64로 간단한 의사 소통이 가능하고 혼자 버스를 타고 학교에 등교할 수 있다. 그리고 학교에서도 기본적인 대인 관계를 잘 형성하고 학교 규칙을 잘 지켜서 별 어려움 없이 학교를 다닌다. 그런데 성주에게 어느 날부터 특이한 행동이 하나 생겼다. 그것은 만나는 사람마다 상대방의 두 손을 꼭 잡고 "좋아졌어요"라고 말하는 것이다. 그리고 상대방이 "좋아졌어요"라고 똑같이 말할 때까지 그 사람을 따라다니며 계속 "좋아졌어요"라고 말한다. 성주의 행동이 너무 진지해서 성주와 마주친 사람들은 무척 당황스러워하며 성주를 피해 다녔다.

성주의 행동은 초등학교 5학년 가을부터 시작되었다. 성주가 이 행동을 처음 시작했을 때, 성주의 부모와 담임 선생님은 성주가 칭찬받고 싶어서 그런 행동을 한다고 생각해 "그래", "뭐가 좋아졌니?', "성주야, 잘했어"라고 말해 주었다. 하지만 성주는 계속 "좋아졌어요"라는 말을 하며, 상대방도 "좋아졌어요"라고 말할 때까지 상대방을 따라다녔다. 결국 부모와 담임 선생님은 성주의 행동이 이해되지 않았고, 그 행동이 다른 사람들을 방해한다고 생각하여 무시하거나 신체적 처벌을 사용하여 그 행동을 제지하려고 하였다. 하지만 성주의 행동은 줄여들 기미를 보이지 않았고 집뿐 아니라 학교에서도 나타나 담임 선생님을 비롯하여 반 친구들은 성주를 피해 다니기에 급급했다.

〈 '아이들의 행복 키워드 민감성' (김은실, 손현동, 2011)의 일부에서 발췌〉

아이의 행동에 의미없는 것은 없다. 성주의 행동도 주변 사람들이 잘 모르지만 분명히 이유와 동기가 있다. 처음에 부모와 선생님은 성주가 '칭찬받기' 또는 '관심끌기'를 원한다고 생각했다. 그래서 성주에게 관심을 보이며 "잘했어"라는 반응을 하였다. 하지만 성주의 행동은 사라지지 않았다. 즉, 이것은 성주가 칭찬받기 위해 "좋아졌어요"라고 말한 것이 아니라는 의미다. 성주의 행동에 다른 이유가 있다는 의미다.

성주의 행동은 초등학교 5학년 가을에 치과를 다녀 온 후부터 생겼다. 평소에 단 것을 좋아하던 성주는 네 개의 치아에 신경치료를 받았다. 치과에 대한 공포 때문에 성주는 치과에 가면 소리를 지르고 몸부림을 쳤으며, 의사, 어머니, 간호사 들이 성주의 몸을 꽉 잡고 움직이지 못하게 하고 치료를 하였다.

치과는 성주에게 공포 그 자체였다. 이 가는 드릴 소리, 몸이 뒤로 젖혀지는 의자, 천장의 하얀 불빛, 자신의 몸을 죄어오는 의사, 간호사, 그리고 어머니의 신체적 압박 등. 이 모든 것은 감각이 예민한 대부분의 자폐 성향을 가진 아이들이 싫어하는 자극들이다. 치과는 성주에게 공포를 야기하는 하나의 심리적 손상(trauma)이었다.

그런데 어느 날 의사가 "좋아졌어요. 이제 오지 마세요"라는 이야기와 함께 진료를 마쳤다. 성주에게 "좋아졌어요"라는 말은 치과에 더 이상 오지 않아도 된다는 상징적 의미가 되었다. 그때부터 성주는 불안하거나 공포스러운 상황이 되면 자신을 안심시키기 위해 상대방으로부터 "좋아졌어요"라는 말을 들어야만 했다. 이 말은 "저는 좋아졌으니, 더 이상 이렇게 위험하고 무서운 것을 만나지 않아도 되지요?"라고 상대방에게 자신의 안전을 확인하는 것이다. 그리고 상대방이 "좋아졌어요"라고 하면, "그래, 더 이상 위험하고 무서운 상황을 만나지 않아도 돼"라는 뜻으로 받아들여 안심하였던 것이다.

그런데 부모나 선생님은 성주의 행동을 칭찬과 관심받기 위한 것이라고 생각하여 '무시하기'와 '처벌'이라는 방식을 사용하였다. 무시하기는 성주를 더욱 불안하게 만들었으며, 처벌도 성주가 불안을 없애려고 사용하는 "좋아졌어요"는 잘못된 방법이니 더 이상 사용하지 말라는 의미이기에 성주는 어떻게 해야 할지 몰라 더욱 불안해했던 것이다.

불안은 단순한 걱정과는 다소 차이가 있다. 불안은 행동, 인지, 생리적 반응을 모두 동반한다. 도망가거나 목소리를 떨거나 눈을 감는 행동, 무섭다는 생각, 심장 박동 및 호흡의 변화나 근육 긴장 등과 같은 생리적 반응이 나타난다. 그러나 언어 표현이 미숙해 자신의 감정을 말로 표현할 수 없는 특별한 아이는 행동을 주의 깊게 관찰해야 아이가 불안해하는 것을 알 수 있다.

불안은 남자아이보다 여자아이에게 많이 나타나며 나이에 따라 다른 양상을 보인다. 6~8개월 된 아이는 낯선 사람에 대한 두려움이 가장 많으며, 귀신이나 괴물과 같은 상상 속의 대상에 대한 불안은 2세경, 어둠에 대한 불안은 4세경에 가장 많이 나타난다. 또 나이가 많은 아이는 사회 불안이나 발표 불안과 같은 불안을 보인다.

대부분 부모는 불안이나 두려움은 아이가 자라면 없어지는 것이라고 생각하고 아이의 불안을 대수롭지 않게 여기는 경우가 많다. 그러나 불안은 반드시 이유와 원인이 있다. 아이의 불안을 없애고 싶다면, 아이의 불안한 마음을 먼저 살펴보아야 한다. 그리고 아이의 불안 행동을 없애기 전에 불안한 마음을 먼저 인정해 주어야 한다. 그리고 아이가 불안을 없애기 위한 행동(예, 성주의 "좋아졌어요")을 수용해 주어야 한다.

성주가 "좋아졌어요"라고 말할 때마다, "그래, 좋아졌어. 이제 성주는 무섭지 않아도 돼요"라고 말해 주자 성주는 웃으며 돌아갔다. 요즘도 성주는 불안한 일이 생기면 다른 사람을 졸졸 따라다니며 "좋아졌어요"라고 말한다. 혹시 성주가 당신에게 "좋아졌어요"라고 말하면 "성주야, 괜찮아. 좋아졌어"라고 해 주기 바란다. 그러면 성주는 웃으며 돌아갈 것이다.

공포증

초등학교 5학년 지영이는 비 오는 날에는 학교에 가지 않는다. 그 이유는 천둥과 번개 때문이다. 천둥과 번개가 치면 길을 가다가도 그 자리에 꼼짝 안 하고 귀를 막고 눈을 감는다. 그때 지영이의 온몸은 땀범벅이 되고 지영이의 두 눈은 두려움에 커져 있다. 옆에서 다른 사람들이 지영이를 달래도 지영이는 다른 사람의 목소리조차 들리지 않는 것 같다.

지영이는 천둥과 번개에 대한 공포증을 가지고 있다. 천둥과 번개에 대한 공포증은 초등학교 1학년에 입학하고부터 나타났다. 학교에서 집으로 돌아오는 중에 천둥과 번개가 치는 것을 직접 본 지영이는 그 후부터 천둥과 번개를 무서워하게 되었다. 지영이의 공포증은 천둥과 번개가 치는 날도 나타났지만 비가 온다는 예보만 있어도 나타났다. 그럴 때면 지영이는 부모나 주변 사람에게 "비가 와요?", "천둥쳐요?"라고 계속 물어보면서 이리저리 왔다 갔다 하며 안절부절못하거나 자신의 침대 밑에 숨어서 꼼짝도 하지 않는다. 그런 지영이를 안심시키기 위해 부모나 주변 사람들은 "비가 온다고 모두 천둥과 번개가 치는 것은 아니야", "천둥과 번개가 쳐도 네가 천둥과 번개에 맞을 확률은 매우 낮아. 걱정하지 마"라고 안심을 시켰다. 그래도 여전히 지영이는 일기 예보를 매일 확인하였고, 비 예보가 있는 날이면 학교에 가지 않았다. 이런 시간에는 인터넷으로 번개에 맞은 사람에 관한 기사를 조사하며 대부분의 시간을 보냈다. 그리고 이런 행동은 점점 심해져 장마 기간에는 10일 이상 결석한 적도 있었다. 아침에 등교했다가도 오후에 갑자기 소나기가 오면 지영이는 교실 책상 밑에 들어가 "집에 가", "집에 가"라고 소리를 지르며 울었다. 집에서도 비가 오면 한 여름에도 창문을 모두 닫고, 커튼도 치고, 자기 방 침대 밑에서 나오지 않았다.

지영이는 다섯 살 때, 고기능 자폐라는 진단을 받은 이후 지금까지 특수 교육을 받아왔다. 지영이는 기본적인 의사소통 및 학습이 가능하여 또래와 같이 일반 학급에서 교육을 받고 있지만 천둥과 번개에 대한 공포증은 지영이의 학교생활은 물론 친구들의 학교생활까지 방해하였다. 처음에 부모와 선생님은 지영이의 행동을 이해하고 받아 주며 지영이를 달래 주었다. 그래서 지영이에게 천둥과 번개에 대한 원리도 이야기해 주고 책도 사 주어 지영이의 두려움을 없애려 하였다.

하지만 지영이는 "천둥은 안 무서워", "비오면 천둥이 칠 수
도 있어"라고 말은 하지만 여전히 천둥과 번개가 치는 날에
는 학교에 가지 않았다.

지영이와 같은 경험을 한 적이 있는가? 이런 행동은 무언가가
매우 무서울 때 나타나는 행동으로 일명 '공포증' 또는 '공황'이
라고 한다.

공황(panic)이라는 말은 그리스의 팬(pan)이라는 신의 이름에서
유래하였다. 요괴 같고 못생긴 외모를 가진 팬은 외롭고 우울한
신이었다. 하지만 그는 익살맞고 유머가 있어서 다른 사람들에게
장난을 치는 것을 좋아했는데, 동굴 안에 숨어 있다가 사람들이
그 앞을 지나가면 날카롭고 소름 끼치는 소리를 내 다른 사람을
깜짝 놀라게 만들었다. 이런 장난을 당한 사람들이 느끼는 공포
감을 패닉이라고 표현하였다.

특정 사물이나 대상에 대한 두려움은 누구나 하나씩 가지고 있
을 것이다. 하지만 지영이처럼 공포증을 가진 사람은 우리가 이
해할 수 없을 정도로 그 대상을 두려워한다. 그 대상은 높은 장소,
폭풍, 물, 천둥과 같은 자연환경도 있으며, 비행기 타기나 폐쇄된
장소와 같은 상황도 있다. 또한 이상한 소리나 복장, 물건 등도 공
포의 대상이 되기도 한다. 이들은 자신이 두려워하는 대상을 접
하면 마치 죽을 것 같은 기분이 들고, 실제로 심장 박동이 증가하
고, 숨을 쉴 수 없을 것 같은 느낌이 든다고 한다.

그 두려움 안에는 '번개가 치면 나는 번개에 맞아 죽을 것이다'와

같은 비합리적인 생각이 자리하고 있다. '번개가 쳐도 나는 번개에 맞을 확률이 적어'라고 생각하면 두려움이 사라질 것 같지만 사실 공포증에 가까운 두려움은 쉽게 사라지지 않는다.

초등학교 3학년인 필자의 아들은 한동안 칼을 무서워하였다. 어느 날, 가족끼리 서양 음식점을 간 적이 있다. 아들은 스테이크를 자르는 나이프를 모두 테이블 아래로 떨어뜨려 온 가족이 스테이크를 자르지 못하고 통째로 먹어야 했다. 아들에게 칼이 무서운 이유를 묻자 아들은 칼에 찔려서 죽을 것만 같다고 이야기하였다. 실제 스테이크를 자르다 칼에 찔려 죽을 확률은 매우 희박하다.

특히 자폐 성향을 가진 아이의 경우에 비합리적인 생각이 한번 들면 거의 머리에 각인되어 잘 변하지 않는다. 두려움과 비합리적인 사고가 융통성 없는 자폐 성향과 만나면 더욱 가중되기 때문이다. 그래서 그들은 TV에서 번개에 맞는 사람을 보면 자신에게도 꼭 일어날 것이라고 생각한다. 또 친구가 다른 사람에게 맞는 것을 보면 자신도 맞을 것이라 생각하고 학교 가기를 두려워한다. 초등학교 1학년 자폐 성향을 가진 한 아이는 다른 친구가 자신의 짝을 때리는 것을 보고 자신도 친구에게 맞을까 봐 다음 날부터 학교에 가지 않겠다고 하였다.

불안이나 공포는 그 대상을 스스로 통제하지 못한다고 생각하면 심해진다. 그래서 불안과 공포에 대처하기 위해 미리 계획하고 준비하는데, 지영이도 일기 예보를 미리 보면서 불안을 없애기 위해 대비하는 것이다. 그러나 비가 온다는 정보는 지영이의 두려움을 더욱 심화시킬 뿐이다. 결국 공포증을 치료하는 유일한 방법은 그 대상이나 상황에 직면하여 그 대상이나 상황이 위험하지 않다는 경험을 하는 것이다. 가령, 대인 공포가 있는 사람은 다른 사람을 만나 위험하지 않다는 경험을 반복하면 대인공포증이 사라진다. 또 개를 무서워하는 사람은 강아지를 키우면 개에 대한 공포증이 사라진다.

하지만 공포증을 가진 사람은 이런 대상이나 상황에 직면하는 것 자체를 처음부터 거부하고 회피한다. 그래서 이들은 자신이 가지고 있는 대상이나 상황이 위험하지 않다는 긍정적인 경험을 거의 하지 못하고 그들이 가지고 있는 공포증을 극복할 기회를 갖지 못한다.

다음은 일반적인 공포증에 대한 치료 방법들이다.

체계적 둔감법

공포를 야기하는 대상을 점진적으로 제시하여 공포의 대상으로부터 야기되는 부정적인 반응을 긍정적인 반응으로 대체함으로써 불안을 감소시키는 방법이다. 즉, 특정 자극과 그것이 유발하는 불안 간의 연합을 깨뜨리는 것이다.

이를 위해서는 우선 편안한 상태를 이끌어 내도록 근육 이완을 가르친다. 불안은 가슴 떨림, 호흡 증가, 심장 박동의 증가와 같은 생리적 반응을 동반하는데, 근육 이완은 이런 생리적 반응을 감소시킨다. 마음과 몸이 편안하면 무서운 대상이 나타나도 그것을 두렵다고 생각하지 않는다. 편안함과 불안함은 동시에 일어날 수 없기 때문에 편안한 상태에서 조금씩 불안한 자극을 제시해 결국은 공포의 대상에 대해서도 불안하지 않도록 하는 것이다.

예를 들어, 아이가 거미를 두려워한다면, 먼저 거미를 연상시킬 수 있는 불안한 상황들을 순서대로 나열해 본다. '실제 거미를 만지기', '거미가 나오는 영화나 책 보기', '거미 캐릭터가 있는 양말이나 티셔츠 입기'와 같이 각 상황에 대한 불안의 크기 순서를 정하고 아이가 불안을 덜 느끼는 상황부터 제시한다. 그때 아이가 제시된 자극에 불안을 느끼면 이완을 통해 다시 편안한 상태가 되도록 한다. 아이가 제시된 자극에 더 이상 불안을 느끼지 않을 때까지 이 과정을 반복한다. 그리고 다음 수준의 불안 단계로 넘어간다. 이 단계에서 더 이상 불안을 느끼지 않으면 또 다음 단계로 넘어간다. 이런 과정을 통해 마지막 단계에서도 아이가 불안을 느끼지 않을 때까지 연습한다.

개 공포증이 있는 자폐 성향을 가진 아이에게 체계적 둔감법을 사용하여 개 공포증을 없앤 적이 있다. 이 아이는 개를 무서워 해서 밖에 나가지 못했다. 그래서 현장 학습이나 야외 수업을 나가면 온몸이 땀으로 젖을 정도로 불안해하였다. 한번은 외출 중에 멀리서 들리는 개 소리 때문에 차도로 뛰어든 적도 있었다. 그래서 이 아이에게 체계적 둔감법을 사용하였다. 첫 단계는 아이와 상의하여 개와 관련된 무서운 상황들을 순서대로 순위를 정하였다. 그 첫 번째가 귀여운 개 캐릭터 사진이 있는 옷을 입는 것이었다. 그런데 첫날 아이는 개 그림이 너무 무서워서 개 그림이 안 보이게 등 쪽으로 입고 왔다. 하지만 이완법과 함께 아이의 용기를 격려해 주자, 그다음 단계인 개 모형 장난감을 가지고 역할극을 하였다. 아이는 마지막 단계로 애완견 가게에서 강아지를 구경하였다. 나중에 아이는 강아지를 집에서 키우기도 하였다.

또 다른 사례는 비행기 소리가 두려워서 학교나 밖에 나가지 못하는 자폐 성향을 가진 아이였다. 첫 단계에는 실제 비행기 소리를 녹음하여 아이가 참을 수 있을 만큼 데시벨을 낮추어서 아이에게 소리를 들려주었다. 그다음 단계에서는 아이가 참을 수 있는 수준을 설정하여 데시벨을 높여서 계속 소리를 들려주었다. 마지막 전 단계에는 실제 비행기 소리만큼의 데시벨을 가진 소리를 들려주었고, 마지막 단계에서는 비행기 소리가 잘 들리는 밖에서 연습을 하였다.

자극 소멸법

자극 소멸법은 공포를 야기하는 상황이나 대상을 없애는 방법이다. 예를 들어, 아이가 큰 소리를 무서워하면 큰 소리가 나는 물건을 없애 주는 것이다.

'자라보고 놀란 가슴 솥뚜껑보고 놀란다'라는 속담처럼, 공포증이 있는 아이는 공포 대상과 유사한 대상을 보기만 해도 놀란다. 아스퍼거 증후군을 가진 다섯 살 아이와 놀이방에서 놀던 중, 아이가 갑자기 소리를 지르며 놀이방 밖으로 뛰쳐나간 적이 있다. 그리고 다음 시간부터 놀이방에 들어오지 않으려고 심하게 울었다. 처음에는 그 이유를 몰라서 난처했는데, 아이의 행동이 무언가에 놀란 듯해 "뭐가, 무서워?"라고 묻자, "불"이라고 대답하였다. "불?" 놀이방에는 불과 관련된 것은 없었다. 그런데 혹시나 하는 생각에 불자동차를 보여 주고 "이것?" 하고 묻자, 아이가 갑자기 자지러지게 울면서 구석에 숨었다. 아이가 보는 앞에서 불자동차를 쓰레기통에 버리자 아이가 울음을 그쳤다. 그날 이후, 아이는 가끔 "불자동차 쓰레기통에 버려"라고 말하며 다시 확인하곤 하였다. 이처럼 아이가 두려워하는 대상을 없애 주는 방법이 자극 소멸법이다.

이 방법은 아이가 불안이나 공포를 느끼지 않도록 하기 때문에 매우 효과적으로 보인다. 특히 초반에 공포증으로 인해 극도의 불안을 느끼는 경우는 이 방법이 좋다. 그러나 불안이나 공포의 대상을 항상 피해 다닐 수는 없다. 자극 소멸법과 함께 앞서 제시한 체계적 둔감법이나 차별 강화와 같은 방식으로 공포증을 차츰 없애 주는 것이 바람직하다.

차별 강화법

차별 강화법은 공포증을 야기하는 상황과 대상, 또는 공포와 관련된 행동에는 관심을 두지 않고 공포나 불안과 반대되는 행동을 할 경우에 칭찬이나 강화를 주는 방법이다. 이를 통해 아이가 불안 행동보다는 반대되는 행동을 더 많이 하도록 하는 것이다.

예를 들어, 개를 무서워하는 아이가 개에 대한 두려움을 이야기할 때는 그 이야기를 들어주지만 적극적으로 반응을 하지 않는다. 하지만 개를 쓰다듬거나 개에 관한 책을 읽을 때는 적극적으로 칭찬해 준다. 차별 강화법은 두려움을 없애는 방법으로 일상생활에서도 많이 사용된다. 가령, 동생과 싸우고 있을 때는 아이의 행동에 관심을 보이지 않고, 아이가 동생과 사이좋게 놀 때 칭찬과 관심을 보여 주면 아이는 동생과 사이좋게 노는 행동을 더 많이 하게 된다. 이것이 차별 강화법이다.

자기 감찰법

자기 감찰법은 공포를 느끼는 상황에 대한 자신의 반응을 관찰하고 기록하여 공포 상황을 스스로 인식할 수 있도록 돕는 방법이다. 자신이 언제 공포를 느끼는지, 얼마나 느끼는지, 그때 어떤 사건이 일어났는지, 그 공포에 대해 어떤 반응을 하였는지 등을 기록하는 것이다. 자기 감찰법은 두려운 상황을 인식하고 이에 스스로 적극적으로 대처할 수 있도록 도와준다. 사람은 때로는 자신이 두려움을 느끼는 상황을 잘 알면 막연한 두려움에서 벗어나서 두려움에 적극적으로 대처할 수 있기 때문이다.

비합리적 사고 바꾸기

공포는 감정이다. '무섭다', '두렵다'라는 감정은 저절로 생기는 것이 아니다. 두려운 생각으로부터 생긴다. 가령, '개가 나를 물 것이다'라고 생각하면 개를 두려워하게 된다. 또 '친구들은 나를 괴롭힐 것이다'라고 생각하면 친구와 어울리는 것이 두려울 것이다. 공포는 대부분 이런 사고 과정에 의해 생긴다.

물론 공포는 생애의 어느 순간에 공포스러운 사건을 경험하거나 다른 사람이 그런 경험을 하는 것을 보고 형성되기도 한다. 자동차 사고를 당한 사람이 자동차 운전을 두려워하거나 자동차 사고를 당한 적은 없어도 TV나 다른 사람이 사고가 나는 것을 보고 자동차 운전하는 것이 두려워 운전을 하지 않는 것이 그 예다. 이들에게는 '자동차를 타면 반드시 사고가 날 것이다'라는 생각이 마음속 깊이 자리하고 있다. 이런 경우에 비합리적인 사고를 바꾸어 주는 것이 좋다. '나는 자동차를 타면 반드시 사고가 난다'라는 생각을 '나는 자동차를 타면 가끔 사고 날 수도 있다'와 같이 바꾸어 주어 '반드시' 또는 '항상'에서 '가끔'이라는 예외를 준다면 자동차를 타는 것에 대한 두려움이 조금씩 줄어들 수 있다.

또한 이들은 두려움의 대상이나 상황에서 벗어날 수 있는 능력이 자신에게 없다고 생각하는 경우가 많다. 이런 경우도 '나는 할 수 없어'와 같은 부정적인 자기 진술을 '나는 할 수 있어'와 같은 긍정적인 자기 진술로 바꾸어 주는 것이 좋다. 가령, 혼자 자지 못하는 아이에게 '나는 방에서 혼자 잘 수 있어'라는 자기 진술로 바꾸어 준다. 또한 '나는 아이들이 놀려도 막아내지 못해'라는 부정적인 자기 진술을 가지고 있는 아이에게 '나는 아이들의 놀림에 대처할 수 있어'라는 긍정적인 진술로 바꾸어 준다.

부정적인 자기 진술을 긍정적인 자기 진술로 바꾸어 부모와 분리되는 두려움을 극복한 사례가 있었다.

현수는 부모와 떨어지는 것을 두려워 해서 아무 곳도 가지 못했다. 그래서 교실에서 어머니와 함께 수업을 받았고 화장실도 어머니와 같이 갔다. 그런데 어느 날 현수가 혼자 상담실을 들어왔다. 놀라서 현수를 바라보았는데, 현수는 고개를 푹 숙이고 무언가 중얼거렸다. 자세히 들어보니 "나는 참을 수 있어", "이곳은 위험한 곳이 아니야", "엄마는 밖에서 기다리고 계셔"라고 중얼거렸다. 나중에 알고 보니 상담실에 오기 전날 밤에 어머니가 아이에게 연습을 시킨 것이다. 물론 어머니는 자신의 행동이 이론적으로 긍정적인 자기 진술법이라는 심리치료의 한 방법이라는 것은 알지 못했지만 아이에게 할 수 있다는 자신감을 심어 준 것이다.

움직이는 출석부

다섯 살 때, 자폐로 진단받은 지훈이는 올해 중학교에 입학하였다. 중학교에 입학하자 지훈이는 새벽부터 일어나 아침밥을 재빨리 먹고 학교에 간다. 학교에 가면 교문 앞에 서서 등교하는 아이들을 붙잡고 "누구야?"라고 물으며 아이들의 이름을 외우기 시작하였다. 그리고 쉬는 시간에도 학교를 돌아다니며 만나는 아이들마다 "누구야?"라고 물어 아이들의 이름을 외웠다. 처음에 지훈이의 행동을 이상하게 생각한 아이들은 지훈이의 행동을 무시하고 지나치는 경우가 많았는데, 그럼 지훈이는 그 아이를 따라가서 이름을 알려 줄 때까지 물어봤다.

중학교 입학 후 거의 한 달이 지나자 지훈이는 학교에 있는 아이들의 이름을 모두 외웠다. 그리고 아이들을 만나면 "누구야? 석지훈"이라고 스스로 아이의 이름을 묻고 대답하였다

(스스로 묻고 대답하기를 하는 것은 자폐 성향을 가진 아이의 특징이 기도 함). 그다음에는 아이들의 학년, 반, 번호를 외우기 시작 했다. 지훈이의 행동은 처음에는 친구에 대한 관심처럼 보여 선생님이나 학교 친구들은 호의적인 태도를 보였으며 지훈이의 기억력에 모두 감탄하기도 하였다. 하지만 지훈의 행동은 점점 심해져 학교에서 대부분의 시간을 "3-1반, 1번 박지성, 3-2반, 1번 이호준, 3-3반, 4번 김준석……" 하며 아이들의 학년과 반, 번호, 이름을 매일 연습장에 쓰고 중얼거리며 외웠다.

얼마 후에 지훈이는 등교를 하자마자 학교를 돌아다니며 결석한 아이들을 찾아냈다. "3-1반 석지훈이 결석했어", "2-4반 김지명이 결석했어"라고 말하며 하루 종일 결석한 아이들의 이름을 중얼거렸다. 그리고 선생님이나 다른 아이들을 만나면 "3-1반 석지훈이 안 왔어"라고 말해 주었다. 또 다음날 지훈이는 등교하면 제일 먼저 그 전날 결석한 아이가 등교했는지 확인하였다. 지훈이는 그날 아이들이 모두 학교에 왔는지 확인하기 위해 수업 중에도 다른 반 교실 문을 불쑥 열고 "3-1반 석지훈이 결석했어?"라고 말하며 수업을 방해하기도 했다.

지훈이는 어느새 아이들 사이에 '움직이는 출석부'라고 불렀다. 부모와 선생님은 지훈이의 행동이 처음에는 친구에 대한 관심이라고 생각해 기특하게 생각하였지만 지훈이의 행동이 점점 심해지자 특수 선생님과 상의 한 후 관심을 주지 않는 '무시하기' 방법을 사용하였다. 그리고 학교 아이들에게도 지훈이의 행동을 무시하라고 가르쳤다. 하지만 지훈이는 친구들이 무시하면 계속 따라가서 "누구야?"라고 끝까지 묻고, 대답을 하지 않으면 급기야는 화내며 울기도 하였다. 부모와 선생님은 계속 친구들을 방해하면 학교에 보내지 않겠다고 협박하고 실제로 학교에 보내지 않은 적도 있다. 그러자 지훈이는 부모 몰래 가방을 가지고 학교에 갔다.

자폐 성향을 가진 아이는 특정한 행동이나 생각을 반복적이고 습관적으로 계속하는 경향이 있다. 이를 혹자는 '의례적이고 상동적인 행동'이라고 한다. 의례적이고 상동적인 행동은 우리의 눈에는 행동을 단순히 반복하는 것처럼 보여서 무의미해 보이지만, 이 행동에도 이유가 있다. 의례적이고 상동적인 행동은 아이에게 즐거움을 줄 수도 있고, 불안을 없애 줄 수도 있으며, 세상에 대한 통제감을 줄 수도 있다.

친구의 이름을 외우는 것은 지훈이에게 친구를 알아가고 소통한다는 즐거움도 주고, 학교 친구들을 자신이 모두 알고 있다는 통제감도 줄 수 있다. 하지만 결석하는 아이는 '모든 학생은 학교에 가야 한다'라는 지훈이만의 규칙에서 벗어난 예외 상황이 된다. 제자리에 있어야 하는 아이가 없는 것은 지훈이에게 불안을 야기한다. 가령, 항상 한 달에 한 번씩만 보던 시험을 갑자기 두 번 본다고 하면 불안하고, 항상 네비게이션를 켜고 운전을 하다가 갑자기 네비게이션이 고장나면 알 수 없는 불안이 엄습하는 것처럼 지훈이도 학교에 있어야 하는 아이들이 없으면 불안해진다.

지훈이처럼 예외 상황을 받아들이지 못하고 불안을 느끼는 경우에는 불안이 줄어들 수 있도록 예외 상황에 대해 이해시키는 것이 중요하다. 지훈이와 이야기하는 도중에 지훈이가 불안해하는 이유를 알 수 있었다. "3-1반, 석현이 결석했어"라고 말하는 지훈이에게 "석현이가 결석하면 어떻게 돼?"라고 묻자, 지훈이는 "없어졌어. 사라졌어"라고 말했다. 지훈이는 친구들이 사라져서 불안했던 것이다. 지훈이에게 친구들이 결석한 이유를 하나하나 설명해 주었다. "석현이는 아파서 학교 안 왔어. 내일은 올 거야", "성민이는 할아버지 집에 갔어. 다음날 학교에 꼭 올 거야"라고 이야기해 주자 지훈이는 그다음부터 결석한 아이들을 찾아다니지 않았다.

자폐 성향을 가진 아이를 교육하는 사람 중에는 이들이 보이는 규칙성을 고집이라고 생각하며 무조건 깨려는 사람들이 많다. 자폐 성향을 가진 아이의 규칙성은 아이의 발달에 방해된다고 생각하기 때문이다. 그러나 자폐 성향을 가진 아이의 규칙성을 무조건 깨는 것보다는 규칙성이 아이에게 주는 의미를 먼저 살펴보아야 한다.

진단의 두 얼굴

한밤중에 아이의 부모로부터 전화가 오거나 메시지가 오는 경우는 대부분 부모가 중요한 결정을 해야 하는 순간이거나 심리적으로 힘든 상황이다. 주형이 어머니도 마찬가지다. 9시가 넘어서 5통의 메시지가 연달아서 왔다. 메시지 내용은 다음과 같았다. "새로운 병원을 갔는데, 아이가 자폐라고 합니다. 혼란스럽습니다. 이제까지 다니던 병원에서는 불안 때문이라고 했는데, 저희 부부가 무언가 잘못하고 있는 것은 아닌가요?" 어머니의 혼란스러운 마음이 느껴져서 그다음 날 어머니와 이야기를 나누었다.

"방학이 되어 아이가 얼마나 성장했는지 확인도 할 겸, 어린 시절부터 다니던 병원에 갔어요. 그런데 그곳에서 아이가 다시 퇴행했다며 아이를 그런 상태가 되도록 방치한 저희 부부를 한심스럽게 쳐다보았어요. 그래서 다른 유명하다는 병원을 찾아갔는데, 그곳에서 아이가 자폐라고 해요. 지금 받고 있는 교육을 모두 그만두고 자폐에 맞는 교육을 하라고 하십니다. 그리고 저희 부부에게 아이가 이지경이 될 때까지 뭘 했냐고 나무라셨어요. 우리 부부는 아이에게 어떻게 해야 하나요? 우리는 이제까지 최선을 다했다고 생각했는데, 주형이가 자폐라면 이제는 어떻게 해야 하나요? 정말 혼란스럽고 두렵습니다."

특별한 아이의 부모는 주형이 어머니처럼 아이의 진단이 병원마다 달라 혼란을 경험한 적이 한두 번은 있을 것이다. 아이가 병원을 찾아가면 진단을 받게 된다. 진단은 일명 '아이의 병명'으로 아이의 치료나 교육을 결정하는데 길잡이가 된다. 하지만 주형이 어머니처럼 다니던 병원의 진단을 믿고 아이의 교육을 열심히 했는데, 다른 병원에서 다른 진단을 받으면 부모는 혼란스러울 수밖에 없다.

동일한 행동이라도 바라보는 사람의 시각에 따라 다르게 보인다. 그래서 아이의 동일한 행동이라도 보는 사람에 따라 해석이 다르고, 해석이 다르면 아이의 진단도 달라진다. 예를 들어, 타인이 불러도 시선을 마주치지 않는 아이가 있다고 가정하자. 아이가 눈을 쳐다보지 않는 이유는 여러 가지일 수 있다. 다른 사람이 부르면 쳐다봐야 하는 사회 기술이 부족하거나, 다른 사람에게 관심이 없기 때문일 수도 있고, 다른 사람과 관계를 맺는 것이 두렵기 때문일 수도 있다. 또는 다른 사람이 부르면 야단맞는다고 생각하여 시선을 피하는 것일 수도 있다. 전자의 경우는 자폐 성향을 가진 아이로, 후자의 경우는 불안장애나 대인기피증으로 진단될 가능성이 높다. 이처럼 동일한 행동이지만 그 이유에 따라 진단이 달라진다. 즉, 불러도 눈을 마주치지 않는 아이가 모두 자폐 성향을 가진 아이는 아니라는 의미이며, 항상 구석에 앉아 다른 아이와 어울리기 싫어한다고 해서 모두 불안장애는 아니라는 의미다.

그런데 우리는 우리가 보고 싶은 것만 보는 경향이 있다. 한 심리학자가 이런 현상을 실험을 통하여 확인하였다. 농구를 하고 있는 한 무리의 사람들 사이로 검은 드레스를 입은 여자를 지나가게 하고, 농구가 끝난 후 농구했던 사람들에게 검은 드레스를 입은 여자를 보았는지 물어보았다. 그런데 모든 참가자가 여자를 보지 못했다고 하였다. 이처럼 우리는 자신이 관심이 있는 것만 보고 주변의 것들은 보지 못한다. 이를 '선택적 주의'라고 한다. 선택적 주의는 무수한 자극 중에서 우리가 중요하게 생각하는 자극에만 반응하도록 하여 신속한 정보 처리를 돕는다. 가령, 사람이 많이 모여 있는 명동에서 사랑하는 애인을 단번에 찾아낼 수 있는 것도 선택적 주의 때문이다. 이처럼 선택적 주의는 신속한 정보 처리의 장점이 있지만 다른 자극들은 무시하는 단점도 있다.

이는 특별한 아이를 바라보는 시선에도 나타난다. 아이의 여러 가지 행동 중에서 자신의 관심에 따라 다른 행동은 보지 못하고 보고 싶은 것만 보는 경우가 있다. 가령, 자폐성장애가 자신의 전공 분야인 사람은 특별한 아이의 모든 행동을 자폐 성향이라고 해석할 것이며, 불안장애가 전공 분야인 사람은 아이의 모든 행동을 불안 때문이라고 해석할 가능성이 높다.

필자의 동료 중 한 분은 어린 시절부터 틱과 발표 불안이 있었다. 그분의 박사 논문을 비롯한 많은 연구는 불안에 관한 것이었다. 그래서 그분의 눈에는 불안을 가진 아이들이 잘 보인다고 하였다. 그런데 어느 날 눈을 깜박거리는 아이를 만났는데, 그분은 '아! 불안해서 틱이 생겼구나'라고 생각하였다. 그런데 며칠 후 눈에 안대를 하고 아이가 나타났다. 눈썹이 자꾸 눈을 찔러서 눈썹 수술을 했던 것이다. 그때 그분은 자신이 아이들을 이미 정해진 눈으로 바라본다는 것을 깨달았다고 하였다.

아이의 동일한 행동 뒤에도 서로 다른 이유가 있다. 그런데 아이의 행동을 해석하는 과정은 그 사람의 관점이 포함되어 있는 인지적 판단 과정이라서 언제라도 오류를 범할 가능성이 있다. 그리고 아이에게 진단은 적절한 치료와 교육에 매우 중요하지만 이런 진단이 아이의 가능성과 한계를 결정지으며, 아이를 바라보는 선입견을 만든다는 것을 명심해야 한다. 진단으로 인해 '장님이 코끼리 만지기'와 같이 아이를 보지 못하고 아이의 진단만을 보는 일이 없기를 바란다.

필자를 비롯하여 교육 현장에 종사하는 많은 사람은 특별한 '아이'를 보기보다는 진단으로 아이를 분류하여 아이의 행동을 해석하는 경우가 종종 있다. 특별한 아이는 장애 유형에 따라 진단과 일치하는 특정 행동을 보일 수 있다. 하지만 아이를 진단의 틀에서 바라보면 진정 아이가 가진 장점이나 능력은 볼 수 없게 된다.

규칙성 있는 세상

 자폐 성향을 가진 동희(7세)는 유치원이나 집에 물건이 항상 같은 자리에 있지 않으면 마구 울면서 떼를 쓴다. 처음에 동희의 부모는 동희가 물건의 위치를 잘 기억하는 것이 신기했다. 하지만 시간이 지나면서 물건이 제자리에 없거나 위치가 바뀌면 심하게 울고, 없어진 물건을 찾을 때까지 온 가족과 주변 사람들에게 물건을 찾아달라고 조르며 떼를 쓴다. 동희의 행동은 유치원에서도 나타나, 동희는 물건이 제자리에 있도록 지키거나 정리하면서 교구장 앞에서 하루 대부분 시간을 보낸다. 그리고 다른 아이들이 자신이 정리한 물건을 만지려고 하면 그 아이를 때리거나 밀었다.

자폐 성향을 가진 철이(6세)는 파란 장난감 자동차를 항상 손에 들고 다니며 집에서나 유치원에서 파란 자동차를 맨 앞줄에 놓고 나머지 자동차를 일렬로 세우는 놀이를 한다. 가족이나 친구들이 철이가 세운 자동차를 조금이라도 만지거나 순서를 바꾸어 놓으면 철이는 격분하며 자신의 머리를 바닥에 박는다. 자동차마다 세우는 순서도 정해져서 혹시 자동차를 하나라도 잃어버리면 며칠 동안 자동차를 찾아다닌다. 한번은 철이가 가지고 다니는 파란 장난감을 잃어버린 적이 있었다. 철이는 일주일 동안 유치원도 가지 않고 자동차를 찾아달라고 울었다. 철이의 가족은 철이가 세운 자동차를 건드리지 않으려고 옆으로 피해 다녀야만 했으며, 어쩌다가 자동차가 없어지면 온 집안은 비상 사태에 돌입하였다. 한번은 철이의 아버지가 자동차가 없으면 일렬로 세우지 않을 거라고 생각해 철이의 자동차를 모두 쓰레기통에 버린 적이 있었다. 그때 철이는 하루 종일 울면서 자동차를 찾아다녔다. 그 후 철이는 다른 사람들이 자신의 곁에 오는 것도 싫어하고, 자동차를 잃어버릴까 봐 유치원에 갈 때도 자동차를 모두 가방에 넣고 다니기 시작했다.

동희와 철이의 행동은 자폐 성향을 가진 아이들이 보이는 의례적이고 상동적인 행동의 예들이다. 그런데 이것을 부정적인 관점으로 바라보면 "그 행동은 이상하게 보여. 하지 마", "손뼉을 치면 다른 사람에게 방해가 돼. 하지 마", "자동차를 일렬로 세워놓는 것은 이상해" 등과 같은 말로 아이의 행동을 중단시키려고 한다. 하지만 의례적이고 상동적인 행동에도 반드시 이유가 있다.

그렇다면 동희와 철이가 그런 행동을 하는 이유는 무엇일까? 아이는 성장 과정 중에 자율성과 주도성을 가지고 자신만의 세상을 만들고 싶어 하는 단계가 있다. 예를 들어, 게임에서 자기 마음대로 규칙을 만들어 다른 사람들이 따르기를 바라는 것이 그 한 예다. 동희와 철이의 행동도 마치 자신만의 세상을 만들려는 주도성에 의한 것처럼 보인다. 또는 즐거움이나 안정감을 추구하는 행동일 수도 있다. 그 이유가 무엇이든, 행동은 아이의 중요한 욕구와 밀접한 관련이 있기 때문에 먼저 이를 인정하고 수용해 줄 필요가 있다. 그 이유가 생리적인 욕구이든, 심리적인 욕구이든, 아이는 그 행동을 통하여 자신이 원하는 것을 충족시키고 있다.

　아이의 모든 행동은 자신이 처한 환경과의 상호 작용 안에서 아이에게 가장 편한 것을 선택한 것이다. 즉, 아이가 원하는 것을 자신의 환경 안에서 다양한 방식으로 표현한 것이다. 그래서 현재 아이가 하고 있는 행동은 지금까지 살면서 자신이 원하는 것을 가장 잘 충족시켜 준 것들이다. 가령, 잘 우는 아이는 자신이 원하는 것을 울면 가질 수 있던 경험을 했을 가능성이 높다.

　필자의 여섯 살 된 딸이 오빠와 이야기하는 장면을 본 적이 있다. 평소에 잘 울고, 울면 쉽게 그치지 않는 딸이라, 울기 전에 온 가족은 딸의 요구를 들어주려고 하였다. 그런데 어느 날 딸이 오빠에게 "이거 안 해 주면 울 거야. 그럼 오빠 혼날 걸. 빨리 해 줘. 아니면 지금 운다"라고 하며 웃고 있는 모습을 보았다. 그 모습을 보면서 절로 미소가 지어졌다. 정말 깜직한 딸이었다. 가르쳐 주지 않아도 오빠가 무서워하는 것이 무엇인지 알고, 원하는 것을 얻기 위해 그것을 이용하는 모습이었다.

앞의 동희와 철이 사례에서처럼 물건이 제자리에 놓여 있는 것은 예측 가능하도록 해 주어 심리적 안정감을 준다. 내 마음대로 자동차를 일렬로 세워놓을 수 있는 것은 아이에게 자신이 무언가를 만들 수 있다는 자신감을 준다. 또 아이가 머리를 박는 자해 행동은 아이에게 아픔을 주기도 하지만 그 행동을 하면 자신이 원하는 것을 얻을 수 있다. 특정 행동을 통하여 자신이 원하는 것을 얻었던 비슷한 경험이 누구나 한 번쯤은 있었을 것이다. 아이의 행동을 무조건 부정적 관점으로 바라보기 전에 그 행동으로 얻는 것이 무엇인지 먼저 생각해 보아야 한다.

자폐 성향의 다른 특성과 마찬가지로 의례적이고 상동적인 행동도 아이의 개인 내적인 특성에 따라 다양하게 나타난다. 지적 능력이 심하게 지체된 아이는 상동 행동과 같은 단순한 형태로 나타난다. 가령, '종이 찢기', '고무줄이나 끈 감기', '물건을 좌우로 흔들기', '문 열고 닫기', '몸을 앞뒤로 흔들기', '손바닥을 치거나 머리 박기'와 같이 주로 자신의 신체를 이용한 행동들이 많다.

42개월 된 소영이는 물건을 심하게 두드린다. 처음에는 긴 막대기 모양으로 된 물건으로 밥상이나 책상의 모서리를 두드렸는데, 점점 발전하여 손에 잡히는 모든 물건으로, 그리고 물건이 없으면 자신의 손으로 두드린다. 때로는 쇼핑센터나 야외에서 주위의 물건을 두드려서 다른 사람의 눈살을 찌푸리게 하였다. 심지어 앞에 있는 사람의 머리를 두드린 적도 있었다.

이런 행동은 자신의 몸에 자극을 주는 행동으로 일종의 놀이일 수도 있고 자신의 몸을 각성시키는 것일 수도 있다. 그래서 소영이와 같이 자신의 몸을 자극하는 아이들에게는 다른 강력한 자극을 제시하면 자기 자극 행동들이 사라진다.

이에 반해 지적 능력이 높은 아이는 복잡한 행동을 한다. 특정한 모양의 컵에 든 우유나 물만 마시거나, 특정 상표의 과자만을 고집하기도 하고, 특정 모양이나 로고가 새겨진 옷만 입으려 하거나, 다음의 사례처럼 특정 색이나 옷감으로 만든 옷만 입기를 고집하는 아이도 있다. 다섯 살 된 한 아이는 특정 모양의 우유병만을 고집하여 부모가 우유병을 구하러 유명 백화점이나 남대문 수입 상가를 돌아다니곤 했다.

자폐 성향을 가진 한 아이가 목 둘레와 소매가 다 헤진 옷을 입고 초기 상담을 왔었다. 어머니와 상담 비용에 대해 이야기하면서 무료 상담이나 상담비가 저렴한 곳을 소개해 주겠다고 하였다. 필자의 마음에 아이의 헤진 옷으로 보아 가정 형편이 어려워 고가의 상담 비용을 감당할 수 없을 것이라고 생각했던 것이다. 그런데 나중에 알고 보니 아이가 그 옷만 입으려고 해서 어머니가 저녁이 되면 아이의 옷을 빨아 밤새 말려 아침에 다시 입혀서 옷이 헤진 것이었다.

또한 이런 아이는 특정 물건을 수집하거나 항상 가지고 다니다가 그 물건을 잃어버리거나 고장나면 극도의 슬픔이나 분노를 보이기도 한다. 자신이 아끼는 물건을 잃어버리면 슬프지 않은 아이가 어디 있을까 싶지만 그 정도가 다소 심각한 경우도 종종 있다.

동수(5세)는 파란색 레고 블록을 항상 한 손에 가지고 다녔다. 그래서 유치원에 입실할 때마다 선생님과 한바탕 실랑이를 벌여야 입실이 가능할 정도로 블록에 대한 애착이 강했다. 그런데 어느 날 그 블록을 잃어버려서 어머니가 모양과 색이 똑같은 다른 것으로 사 주었는데 동수는 "아니야"라고 하며 자신이 가지고 다니던 블록을 1주일간 울면서 찾아다녔다. 그리고 여덟 살이 된 지금도 가끔 파란 블록에 대해 이야기하며 눈물짓곤 한다.

여섯 살 된 나경이는 물건에 대한 집착이 강하였다. 나경이는 2년 전부터 음료수 뚜껑을 모았는데, 공공장소나 길에서 항상 음료수 뚜껑을 찾아다녔다. 나경이가 말없이 어디론가 달려가면 그곳에는 항상 음료수 뚜껑이 있었다. 심지어는 휴지통을 뒤져서 음료수 뚜껑을 찾아내 자신의 침대 밑에 쌓아 놓았다. 부모는 여러 가지 방법을 동원하여 나경이의 행동을 중단시키려고 했지만 그럴 때마다 나경이는 심하게 울며 저항하였다. 하루는 이를 보다 못한 나경이 아버지가 음료수 뚜껑을 모두 가져다 버린 적이 있었다. 그 날 나경이는 자신의 머리를 벽에 박으며 울다가 아버지 팔을 상처가 날 정도로 물었다.

또 다른 의례적이고 상동적인 행동의 한 형태는 틀에 박힌 순서나 규칙을 고집하는 것이다. 가령, 가던 길로만 가거나, 가는 도중에 꼭 만지는 물건이 있거나, 길을 가면서 반드시 확인해야 하는 사물이 있는 경우도 있다. 또는 책이나 물건을 자신의 방식으로 정돈해야 한다. 또한 다음의 형진이처럼 학교 시간표나 일정이 바뀌는 것을 용납하지 않기도 한다.

초등학교 2학년인 형진이는 학교 시간표가 바뀌거나 운동회나 현장 학습과 같은 일정이 바뀌는 것을 견디지 못한다. 4교시에 있던 체육 시간이 2교시로 바뀌면 울면서 옆에 있는 친구나 선생님을 때리거나 물건을 던진다. 그래서 시간표가 바뀌는 날은 며칠 전부터 어머니가 달력에 표시를 하고 미리 아이에게 "월요일은 체육 시간이 없어. 그 시간에 운동회 연습을 할 거야"라고 미리 알려 주어야 한다.

자폐 성향을 가진 성인을 상담한 적이 있었는데, 필자의 사정으로 상담 시간을 바꾼 적이 있었다. 그분은 매일 전화해 "화요일은 안 만나고, 목요일 10시에 만나요?"라고 확인하였다. 상담 시간이 바뀐 것이 불안해 계속 확인하였던 것이다.

의례적이고 상동적인 행동은 나름대로 아이에게 의미 있는 행동이다. 하지만 그 행동이 다른 사람의 삶을 방해하거나 앞으로 아이의 성장을 방해할 때는 아이가 원하는 것을 지금의 방식이 아니라 다른 방식으로 얻도록 도와주어야 한다. 그 방법 중 하나가 '점진적 변화법'이다. 상동적이고 틀에 박힌 행동은 오랜 시간에 걸쳐 서서히 발생하는 경우가 대부분이라 이 행동을 감소시키는 방법도 점진적이고 세심하게 이루어져야 한다. 자폐 성향을 가진 아이의 상동 행동은 불안을 감소시키고, 세상에 대한 통제감을 주거나, 일종의 놀이가 되기도 하고, 세상을 탐색하는 방법이기도 하다. 따라서 갑자기 행동을 제한하면 아이는 극심한 불안과 좌절을 경험할 수도 있다. 그래서 퇴행 행동을 보이거나 지금 행동을 고수하려고 다른 부적응 행동을 하기도 한다.

점진적 변화법은 자폐 성향을 가진 아이들의 의례 및 상동 행동 중에서 특히 물건을 제자리에 놓기를 고집하거나, 새로운 과자나 음식을 거부하고 새로운 환경에 적응하는 것에 어려움을 보이거나, 반복적으로 같은 말을 반복하는 경우에 특히 효과적이다. 이 방법을 세부적으로 알아보면, 우선 아이의 행동을 자세히 관찰하여 그 행동이 아이에게 주는 의미나 목적을 먼저 파악한다. 그다음에 그 행동이 사라졌을 때 느끼는 불안의 위계를 정하여 불안의 가장 낮은 것부터 높은 것까지를 정한다. 세 번째는 불안 위계에서 가장 낮은 단계부터 아이의 행동을 제한한다. 이때 아이가 좋아하는 강화물을 병행하면 더 효과적이다. 이 방법은 단기간보다 장기간에 걸쳐 실시하는 것이 효과적이다.

초등학교 3학년 동우는 학년에 비해 몸집이 크고 지
적 능력은 56으로 기본적인 의사소통과 학습이 가
능하다. 하지만 동우는 실내에 들어서면 바지를 벗는 습관이
있다. 동우는 어렸을 때부터 집에서 항상 옷을 벗은 상태로
지냈는데 만 세 살 때부터 다른 장소에서도 바지와 양말을
벗었다. 초등학교 3학년이 된 지금도 바지 벗는 습관 때문에
학교에서 문제가 되곤 하였다.

이 행동은 어릴 때는 가볍게 넘어갈 문제이지만 초등학생이 된
지금은 문제가 되며 더욱이 청소년기나 성인기에는 더욱 큰 사회
적 문제로 간주될 수 있기에 아이의 행동을 제한하는 것이 좋다.
그 방법으로 우선 점진적인 단계를 설정한다. 가령, 바지와 양말
을 벗는 행동이 가능한 곳과 상황을 '집에서만', 그다음은 '아이
의 방에서만', 다음은 '침대 위에서만', 그리고 마지막 단계로 '잠
잘 때만'으로 정해 허용되는 범위를 자꾸 좁혀갔다. 동시에 동수
가 좋아하는 과자를 강화물로 함께 제시한다. 이와 같은 점진적
변화법을 사용하여 한 달 만에 동수는 자신의 방에서만 바지를
벗었다.

예외 사건 찾기

초등학교 1학년 지영이는 다섯 살 때 전반적 발달 장애라는 진단을 받았다. 지영이는 기본적인 읽기, 쓰기, 셈하기 등이 가능한 정도의 학습 능력을 갖추고 있으며, 의사소통도 간단한 질문에 답하기가 가능하다. 그리고 '좋다', '기쁘다', '무섭다' 등의 수준으로 자신의 감정을 표현할 수 있다. 그래서 지영이는 초등학교 입학 후 3월 말까지 알림장 쓰기, 물건 챙기기, 화장실 가기 등을 스스로 하면서 비교적 학교생활에 잘 적응하였다.

그런데 어느 날 지영이가 하교할 때 같은 반 친구들이 "잡아라"라고 소리치며 지영이를 향해 뛰어왔다. 그때 지영이는 친구들이 자신을 때리려 한다고 생각해 집으로 도망갔다. 그 다음 날부터 지영이는 학교에 가지 않겠다고 울며 강하게 거부해 4일 동안 등교를 하지 않았다.

처음에 지영이 부모는 놀란 지영이를 달래 주고 함께 학교에도 가 주었다. 하지만 며칠이 지나도 지영이는 혼자 학교에 가려 하지 않았으며, 점점 더 심해져서 어머니 옆에 붙어 떨어지지 않으려 하고, 어머니가 어디를 가려고 하면 울며 거부하였다. 설상가상으로 아이는 여섯 살 때부터 잘 다니던 교회나 교육 센터에도 안 가겠다고 거부하였다. 그 이유를 찾던 지영이 어머니는 그동안 친구들이 지영이를 놀리고 괴롭혔던 일들을 알게 되었다. 그리고 아이들의 놀림과 괴롭힘 때문에 지영이가 학교에 가고 싶어 하지 않는다고 생각하고 지영이를 학교에 보내지 않기로 결정하였다.

지영이의 행동은 일명 '등교거부'다. 등교거부는 아이가 등교를 거부하는 것, 또는 하루 종일 학교에 머무는 것이 어려운 경우를 말한다.

등교에 대한 두려움은 학령 전기, 즉 유치원 또는 초등학교 1학년에 처음 발생하여 2학년에 정점에 이르지만 아이마다 개인차가 있다. 등교거부의 이유는 아이마다 다양해서 부모와 떨어지는 것에 대한 두려움일 수도 있고, 낯선 사람이나 장소에 대한 두려움일 수도 있다. 또는 왕따, 선생님의 꾸지람, 친구의 협박, 등굣길의 사고 등과 같이 특정 사건으로 인해 학교에 가는 것이 두려울 수도 있다. 지영이의 경우는 후자에 속한다.

등교거부는 학교에 안 가기 위해 징징거리고 떼를 쓰기도 하고, 배, 머리 등 신체적 아픔을 호소하기도 한다. 흔히 이것을 '꾀병'

이라고 한다. '꾀병은 정말 아픈 것인가요?'라는 질문을 자주 받곤 하는데, 그 답은 '정말 아프다'다. 꾀병은 마음이 아파서 생긴 병이다. 아마도 여러분도 정말 하기 싫고 힘든 일이 있으면 머리, 허리, 배 등이 아팠던 경험이 있을 것이다. 가령, 시험공부를 하나도 안 했는데 시험을 보러 가야 하는 아침, 사이좋지 않은 시어머니를 만나야 하는 명절날이 되면 왠지 마음이 무겁고 몸도 아픈 것 같다. 이것이 꾀병이다. 전문 용어로는 심리적 스트레스로 인한 '신체화 장애'라고 한다.

일전에 아침에 일어나서 갑자기 글자가 안 보인다고 한 지적 장애를 가진 아동(8세)을 만난 적이 있다. 급히 안과를 갔는데 눈에는 이상이 없다고 해서 신경과를 거쳐 정신과 진료를 받았다. 그 아이는 초등학교에 입학하기 몇 주 전부터 학교에 가기 싫다는 말을 자주 하였다. 어머니는 아이가 학교를 부담스러워한다는 것을 알고 있었지만 그렇다고 학교에 안 가는 것은 안 된다며 아이를 다독였다. 그 뒤 별 말이 없어서 학교가기 싫은 마음이 없어진 줄 알았는데, 학교 입학 3일 전에 아이가 갑자기 글자가 보이지 않는다고 하였다. 병원에서는 '전환장애'라는 진단을 내렸다. 심리적 스트레스로 인해 눈이 보이지 않는 병이라는 뜻이다. 이처럼 두려움이 심한 경우는 눈이 보이지 않거나 팔 다리가 마비되는 것과 같은 증상을 보이기도 한다.

지영이는 '잡아라'라는 친구들의 말 때문에 학교에 대한 두려움이 생겼다. 게다가 교회나 학원 등 집 밖에 나가는 것 자체가 두려웠다. '잡아라'라는 말이 지영이에게는 어떤 의미였을까? 아마 지영이는 친구들이 자신을 해치려고 한다고 생각했을 것이다. 물론 실제로 그 아이들이 지영이를 때리거나 괴롭히려고 그랬을 수도 있다. 또는 지영이와 놀려는 것일 수도 있다. 상황을 어떻게 해석하는가에 따라 행동이 결정된다. 전자로 해석하면 지영이는 학교나 친구가 두려운 대상이 되고 학교 가기가 싫어진다. 후자로 해석하면 지영이는 학교에 가는 것이 두렵지 않을 것이다.

사건을 해석하는 방식은 우리의 과거 경험이나 우리가 가지고 있는 틀에 의해 영향을 받는데, 이를 '임의적 추론'이라고 한다. 즉, 우리의 경험에 근거하여 상황을 임의로 해석하는 것이다. 친구에게 괴롭힘을 많이 받은 아이는 학교 복도에서 누군가와 어깨를 부딪치면 아마 자신을 괴롭힌다고 생각할 것이다. 또한 무시를 당하며 산다고 생각하는 사람은 다른 사람이 자신 앞으로 새치기를 하면 자신을 무시해서 그렇다고 생각할 것이다. 하지만 항상 존중받고 배려받는 경험을 한 사람은 누군가 자신을 치거나 새치기를 해도 그럴 만한 이유가 있다고 생각하고 너그럽게 받아들인다.

임의적 추론은 말 그대로 추론일 뿐이다. 지영이도 "친구들은 날 바보라고 해요", "친구들이 날 때렸어요"와 같은 말을 하는 것으로 보아 친구가 자신을 놀리고 괴롭힌다는 생각을 가지고 있다. 이런 지영이의 생각을 바꾸기는 쉽지 않다. 지영이가 학교나 친구가 안전한 곳이라는 생각을 가질 때까지 그 생각을 뒷받침하는 좋은 경험이 무수히 반복되어야 한다. 그래야 지영이의 학교에 대한 '생각 틀'이 바뀔 수 있기 때문이다.

'생각 틀'은 한번 형성되면 잘 바뀌지 않는다. 그리고 우리는 무수한 경험 중에서 자신의 생각 틀과 맞는 경험만을 선택적으로 기억하는 경향이 있다. 가령 아버지가 '나를 사랑하지 않는다'라는 생각 틀을 가지고 있는 아이가 있다고 가정하자. 그런데 어느 날 아버지가 선물을 사 주며 껴안고 "사랑한다"라고 하면, 아이는 아버지의 말을 그대로 믿을까? 아니다. 아이는 '뭔가 나에게 바라는 것이 있을 거야' 또는 '무슨 일이지?'라고 생각할 것이다. 그러다가 나중에 아버지가 야단치면 아이는 속으로 '그럼, 그렇지. 우리 아버지는 나를 사랑하지 않아'라고 생각하며 자신의 생각이 맞았다는 확신을 가진다.

지영이가 학교로 돌아가기 위해서는 지영이에게 친구들이 해치지 않을 것이라는 확신을 주어야 한다. 필자는 지영이에게 친구들 중 놀리거나 괴롭히지 않았던 친구들을 조사하도록 시켰다. 그 결과 지영이를 놀리거나 괴롭히는 친구들은 많지 않았다. 그다음 단계로, 지영이에게 친구들이 친절하게 대해 주었던 사건이나 경험들을 생각해 보도록 하였다. 물론 지영이에게는 그런 경험들도 많았다. 이 방법을 상담 전략 중 '예외 사건 찾기'라고 한다.

세상에는 특정한 일만 반복되지는 않는다. 항상 예외가 있기 마련이다. 그리고 그 예외의 일들을 찾아보면 생각보다 훨씬 자주 발생한다는 것을 알 수 있다. 아이를 자주 야단치고 화를 내는 부모도 하루 24시간 동안 야단치지 않는다. 24시간 중에 야단치는 시간을 다 합치면 기껏해야 1시간 정도가 안 될 것이다. 또 일년 내내 매일 야단을 치는 것은 아니다. 그러나 아이는 이런 예외를 무시하고 부모가 항상 날 미워하고 야단친다고 기억하는 것이다. 아이에게 예외 사건을 찾아오도록 하면, 아이는 자신을 사랑하는 부모나 친구들을 발견할 수 있다.

특별한 아이의 부모도 학교에서 아이들이 매일 친구의 놀림과 괴롭힘을 받고 있다고 생각한다. 그래서 학교에 보내기를 주저하며 안전한 부모의 품 안에 머물기를 바란다. 물론 맞는 말이다. 세상은 특별한 아이가 살아가기에 너무 위험하다. 하지만 아이가 학교에서 항상 놀림과 괴롭힘만을 받으며 생활하지는 않는다. 그리고 모든 아이가 특별한 아이를 장애인이라고 놀리고 괴롭히지도 않는다. 그중에는 진심으로 특별한 아이를 대하는 아이도 있다.

한 어머니가 자신의 아이가 학교에서 친구들에게 놀림을 받는 모습을 보고 너무 속상해서 아이를 학교에 보내지 않기로 결정하고 1주일 정도 학교에 보내지 않았다. 그런데 어느 날 아이가 울면서 학교에 가고 싶다고 어머니를 졸랐다. 어머니는 아이에게 "엄마랑 재미있게 놀이동산도 가고 공부도 하자"라고 했지만 의외로 아이는 울면서 학교에 가고 싶다고 하였다. 학교는 괴롭히는 친구도 있지만 그렇지 않은 다른 즐거운 일들이 가득한 곳이다. 세상의 예외 사건들을 찾아보고, 세상을 믿고 아이를 학교에 보내자.

지적 장애를 가진 특별한 아이들

지적 장애(Mental Retardation)는 지적 수준이 다소 부족한 아이를 말한다. 지적 수준이란 일반적으로 우리가 흔히 이야기하는 지능을 의미하는데, 그래서 지능이 낮으면 모두 지적 장애로 오해를 받기도 한다. 그러나 지적 장애는 다음과 같은 두 가지 조건이 충족될 때에만 지적 장애라고 부른다. 첫 번째는 지능검사 결과가 70 이하이며, 두 번째는 적응 능력이 또래에 비해 부족한 경우다. 즉, 지능이 낮아 학업성취도는 낮지만 사회생활을 다른 사람의 도움 없이 할 수 있으면 지적 장애라고 하지 않는다. 실제로 우리 주변에는 학습 능력은 부족하지만 사회생활을 스스로 잘 하는 아이들이 있다. 이들은 지적 장애로 불리기보다는 공부를 좀 못하는 아이라고 하는 것이 정확하다.

지적 장애는 지적 수준에 따라 지적 장애 3급, 2급, 1급으로 나눈다. 지적 장애 3급은 지능지수 50에서 70까지로 간단한 셈하기, 한글 읽기, 자신의 생각이나 감정을 표현하기 등 기본적인 사회생활을 스스로 할 수 있다. 대부분의 지적 장애를 가진 아이들이 여기에 속하며 이들은 적은 도움만 주어도 충분히 사회생활을 할 수 있어 조기 교육이 중요하다. 지적 장애 2급은 50미만에서 35이상으로 간단한 의사소통이 가능하고 자립 생활을 위한 신변처리가 가능하다. 교육에 의해 간단한 한글이나 숫자를 습득할 수 있으며 반복적인 훈련에 의해 자립 생활을 할 수 있다. 지적 장애 1급은 지적 수준이 35미만으로 대상에 따라 언어 사용이 가능하기도 하고 그렇지 않기도 한다. 또한 타인의 도움과 훈련에 의해 신변처리가 가능하나 거의 독립적인 생활은 어려워서 성장한 후에도 타인의 지속적인 도움이 필요하다.

지적 장애를 가진 아이들은 일정 수준의 목표에 도달하는 데 시간이 많이 걸리고 지능에 따라 성취할 수 있는 수준이 다르지만 교육과 훈련에 의해 학습이 가능하다. 그리고 표현 방식은 지적 수준에 따라 다소 미성숙할 수 있으나 생리적 욕구 및 심리적 욕구는 다른 아이들과 동일하다. 예를 들어, 영화 〈맨발의 기봉이〉의 주인 공인 엄기봉은 어머니를 사랑하는 마음에 항상 영양제를 사서 집으로 돌아간다. 그 영양제가 어머니의 건강에 실제로 도움이 되는지는 모르지만 그런 행동에서 어머니를 사랑하는 마음을 느낄 수가 있다. 또한 기상 예보를 좋아하여 공책 한 권에 빽빽이 자신만의 기상 예보 노트를 만들어 어머니 앞에서 기상 캐스터 흉내를 내는데, 이걸 보고 즐거워하는 어머니를 보고 행복해하는 모습도 볼 수 있다. 이처럼 지적 장애를 가진 아이들도 표현 방식은 다소 미성숙해 보이지만 다른 사람과 같은 심리적 욕구를 가지고 있다.

"엄마가 해 줘"

원식(7세)이 어머니는 요즘 달라진 원식이의 행동 때문에 무척 당황스럽다. 원식이는 지적 장애 3급으로 기본적인 자립 생활과 학습 능력이 또래와 비슷해 유치원에서 또래와 생활하는 데 어려움이 없다. 그런데 원식이가 일곱 살이 되고부터 갑자기 모든 일을 "엄마가 해 줘"라고 말하며 어머니가 원식이의 요구를 들어 줄 때까지 울며 떼쓴다. 그전까지 스스로 잘 하던 이 닦기, 밥 먹기, 세수하기, 물 마시기, 옷 갈아입기, 신발 신기 등의 일상적인 기본 생활까지 "엄마가 해 줘"라며 고집을 부렸다. 또 좋아하던 글씨 쓰기나 간단한 그림들도 어머니가 손을 잡아 주지 않으면 안 하겠다고 고집을 부렸다. 그래서 어머니가 원식이에게 글씨 쓰기나 그림 그리기, 신발 신기 등을 원하지 않으면 안 해도 된다고 말하면 원식이는 더욱더 크게 울면서 "엄마가 해 줘"라고 말하며 다시 울며 고집을 부린다. 이런 힘든 과정이 30분에서 1시간 이상 계속되었다. 결국 원식이 어머니는 원식이가 울고 떼쓰기 전에 원식이가 해달라는 것을 모두 해 주었다.

하지만 어머니의 마음에는 원식이가 너무 자신에게 의지해서 나중에 혼자 아무것도 할 수 없는 아이가 될까 봐 걱정이 되었다. 그래서 가끔은 "다음에는 원식이가 혼자서 해봐"라고 말하며 도와주기도 하고, "엄마가 도와줄 테니 같이 하자"라고 설득을 하기도 하고, 심하게 원식이가 고집을 부리면 "예전에 혼자 잘 했잖아. 혼자 해 봐"라고 야단을 치기도 하였다.

원식이가 남에게 의존하는 행동은 유치원에서도 나타나기 시작했다. 평소에 자신을 잘 챙겨 주던 여자 친구에게 마치 어머니에게 하듯이 "민서가 해 줘"라고 떼를 썼다. 글씨 쓰기, 옷 정리하기, 간식 먹기, 장난감 정리하기, 교실 이동하기 등 예전에 유치원에서 스스로 하던 일들을 친구 민서에게 해 달라고 졸랐다.

원식이는 왜 갑자기 다른 사람에게 의존하는 것일까? 원식이의 행동을 자세히 관찰해 보면, 원식이는 유치원이나 집에서 자유 놀이를 할 때나 자기가 좋아하는 그네타기, 공차기, 등산 등을 할 때는 다른 사람에게 의존하지 않는다. 하지만 새로 배우는 수영, 인라인 타기, 그림 그리기, 글씨 쓰기처럼 다소 어렵다고 생각되는 활동을 할 때는 다른 사람의 도움을 원한다. 그리고 이 의존 행동은 일곱 살 때 유치원에서 받아쓰기를 처음 보는 날부터 시작되었다. 원식이는 처음 받아쓰기 시험에서 20점을 받았고 그날 집에서 그 시험지를 찢으며 울었다. 그리고 그다음 날에도 자신이 그린 그림이나 만든 것들을 "민서보다 못해"라고 하며 울었다.

원식이 행동의 이유는 실패에 대한 두려움이다. 즉, 유능성이 좌절될 것에 대한 두려움이다. 스스로 잘 한다고 생각하는 그네타기, 공차기, 등산 등은 실패할 걱정이 없어서 재미있게 즐길 수 있지만, 새로 습득하거나 어렵다고 생각하는 글씨 쓰기, 그림 그리기, 받아쓰기 등은 못할까 봐 부담스러웠던 것이다. 그래서 실패에 대한 두려움을 줄이기 위해 원식이는 가까운 사람에게 해달라고 부탁했던 것이다. 어머니나 민서 같은 친구가 자신이 부담스러워하는 일들을 해 주면, 자신은 실패할 수 있는 상황을 피할 수 있으며, 만약에 실패하더라도 그 원인을 어머니나 민서에게 돌릴 수 있기 때문이다.

간혹 아이들이 자신이 넘어지고도 엄마 때문이라고 말하고, 자신이 실수한 것도 다른 사람 때문이라고 핑계를 대기도 하는데, 그 이유도 실패에 대한 두려움을 피하기 위한 것이다. 실패의 원인을 남의 탓으로 돌리는 것은 물론 좋은 방식은 아니지만 남의 탓으로 돌리면 자신의 능력은 위협받지 않게 된다. 이 방식은 우리가 자아를 지키기 위해 사용하는 하나의 방어기제로 주로 어린 아이들이 사용한다. 이 방식은 아이가 지금 자아를 지키고 싶다는 뜻이기 때문에 굳이 그 이유를 따져서 아이에게 상처를 주기보다는 아이의 마음을 알아 주는 것이 필요하다.

한 아이가 "형 때문이야", "엄마 때문이야"라고 자신의 잘못을 인정하지 않고 항상 남의 탓을 해서 어머니가 아이를 상담실에 데리고 온 적이 있었다. 어머니는 아이가 남의 탓을 하면, 아이가 잘못했다고 인정할 때까지 아이의 잘못을 일목요연하게 따지며 설명했다. 결국 아이는 눈물을 흘리며 자신의 잘못을 인정하지만, 어떤 날은 잘못을 인정하지 않아 저녁을 굶고 자는 날도 있었다. 어머니는 남의 탓만 하는 아이가 이해가 안 되고 행여 남의 미움을 받을까 봐 걱정되었다.

어머니의 마음은 이해가 된다. 하지만 아이도 그런 어머니의 말이 옳다는 것은 알지만 마음으로는 인정하고 싶지 않을 것이다. 그리고 자신의 마음을 이해 못해 주는 어머니가 밉기도 할 것이다.

원식이의 의존 행동은 글씨 쓰기나 그림 그리기와 같이 자신이 못하는 활동뿐 아니라 기존에 잘하던 이 닦기, 밥 먹기, 옷 입기, 신발 신기 등과 같은 것들로도 확대되어 나타났다. 이것은 '나는 못할지도 모른다'라는 두려운 마음이 과잉 일반화되어 나타나는 현상이다. 원식이처럼 갑자기 잘하던 일도 못한다고 하고 스스로 하지 않으려고 하는 아이를 간혹 보게 된다. 실패가 두려운 아이에게 무조건 "넌 할 수 있어"라고 막연한 희망감을 주거나, "이제까지 잘 했잖아. 왜 갑자기 못해?"라는 비난보다는 아이의 두려운 마음을 인정해 주어야 한다.

그렇지만 계속 남에게 의존하고 자신 없는 일들을 피해 간다면 그 일은 영원히 못하는 일로 남게 된다. 또한 아이가 원하는 유능

감도 얻을 수 없다. 아이가 두려워하는 일을 두렵지만 시도해 성공하는 경험을 통해 스스로 할 수 있다는 자신감을 주어야 한다. 그렇다고 두려움에 떨고 있는 아이에게 무조건 하라고 밀어붙이는 것도 좋지 못하다. 이런 경우에는 '점진적으로 도움 소거하기' 방법이 효과적이다. 이 방법은 처음에는 아이가 원하는 만큼의 도움을 주고 점점 도움의 양을 줄여가는 것이다.

이를 위해서는 먼저 아이가 스스로 할 수 있는 목표를 설정해야 한다. 그리고 그 수준을 작은 단계로 나누고 작은 단계를 성취하기 위한 도움의 정도를 결정한다. 그다음은 아이가 작은 단계를 성취할 때마다 아이에게 격려와 칭찬을 한다. 단, 아이가 과제를 성취한 것보다는 "원식이가 열심히 하는구나", "쓰기 힘든 글씨를 열심히 쓰는구나" 등과 같이 아이가 노력하는 과정을 격려한다.

필자와 원식이 어머니는 한 달 동안 원식이에게 '점진적으로 도움 소거하기' 방법을 사용하여 원식이가 글씨 쓰기, 그림 그리기, 옷 입기 등을 스스로 할 수 있도록 도움을 주었다. 지금 원식이는 "내가 할 거야"라고 말하며 모든 일을 스스로 하고 있다.

감정은 사라지지 않는다

도훈(10세)이는 다섯 살 때 지적 장애 2급 진단을 받았다. 그 이후 지금까지 도훈이는 언어치료를 비롯한 몇 가지 특수교육을 꾸준히 받아오고 있다. 그러나 아직까지 도훈이는 "엄마", "밥", "줘", "우유", "빵" 등 자신의 의사를 한 단어로 밖에 표현할 수 없으며, 발음도 부정확해서 주변의 사람들이 거의 알아들을 수 없다. 또한 자신의 감정이나 생각을 말로 표현할 수 없어서 상대방의 손을 끌거나 밀치며 몸으로 표현하는 경우가 많다.

그런데 언제부터인가 도훈이는 "때려, 때려", "아파, 아파"라고 말하더니 갑자기 얼굴이 굳어지면서 자신의 얼굴이나 머리를 심하게 때리고 울었다. 그 빈도와 강도가 점점 심해져서 도훈이의 몸이나 얼굴엔 온통 상처투성이였고 상처가 가실 날이 없었다. 어머니는 도훈이가 자해를 할 때마다 달랬지만 도훈이는 어머니를 밀쳐내며 자신의 몸에 상처를 냈다. 이런 도훈이가 걱정되었지만 어머니는 그 이유를 알 수 없었다. 답답한 마음이던 어머니는 놀이치료실을 찾았다. 그런데 어느 날, 놀이치료 시간에 도훈이는 인형 2개를 들고서 "때려, 때려"라고 말하며 인형들을 서로 부딪치다가 인형을 벽에 확 던져 버렸다. 그리고 "아파, 아파"라고 말하며 울음을 터트렸다.

심한 지적 장애를 가진 아이는 대부분 언어 능력이 부족해 자신의 경험을 정교하게 말로 표현하지 못한다. 하지만 자신의 감정을 말로 표현하지 못해도, 두려움, 슬픔, 화, 기쁨, 당황스러움, 즐거움 등과 같은 감정은 모두 느낀다.

감정은 우리를 살아 있게 만든다. 감정이 있기에 우리는 행복과 불행을 느낄 수 있으며 누군가를 사랑할 수도 있다. 두려움이란 감정은 위험 상황으로부터 우리를 도망가게 만든다. 그리고 이 감정은 어떤 형태로든 표현된다. 가령, 남편에게 화가 난 부인은 말로 남편에게 화를 내지 않고 화를 참으려고 하지만 자신도 모르게 남편을 싸늘한 시선으로 보거나 퉁명스러운 말투로 대하고 있을 것이다. 또 누군가를 좋아하는 사람은 상대방을 만나면 저절로 환한 미소를 짓고 그 사람에게 다정한 말투로 말을 건네게 된다. 이처럼 사람은 자신의 감정을 말로 표현하지 않아도 몸이나 표정으로 감정이 드러나게 된다.

다른 사람의 행동을 통하여 심리를 파악하는 비언어 커뮤니케이션 분야에서는 사람의 사소한 표정과 몸짓으로 상대방의 마음을 알아낸다. 가령, 손으로 코나 입을 가리면 자신의 마음을 숨기려는 의도가 있는 것이며, 앉을 때 가방이나 쿠션 같은 것으로 배를 가리는 것은 상대방으로부터 자신을 보호하고 싶은 의도가 있는 것이다. 또 아이가 부모에게 사랑한다고 말은 하지만 부모로부터 멀리 떨어져 앉으면 사실은 부모를 두려워하는 것이다. 이처럼 신체 언어는 무의식적인 우리의 마음을 나타낸다. 만약 특별한 아이가 당신에게 몸을 비비고 당신에게 다가온다면 그 아이는 당신을 좋아하는 것이다. 하지만 아이가 당신을 보고 울거나 도망간다면 아이는 당신을 무서워하고 있는 것이다.

특별한 아이는 교육이나 훈련이라는 명목하에 신체적 처벌을 받는 경우가 많다. 신체적 처벌을 많이 받은 아이는 구석이나 어두운 곳에 숨어 있거나 움츠려 있기를 좋아한다. 자신의 몸이 다른 사람의 눈에 덜 띄기를 바라기 때문이다. 또 다른 사람이 다가오는 것을 싫어하고 예민하게 반응한다. 한번은 아이와 수업을 하던 도중에 아이의 머리에 붙은 휴지를 떼 주려고 손을 아이의 머리 쪽으로 가져가자 아이가 자신의 머리를 두 손으로 감싸며 소리를 지른 적이 있다. 아이는 필자가 자신을 때리려 한다고 생각해 예민하게 반응한 것이다. 물론 나중에 안 사실이지만 부모가 아이에게 자주 체벌을 하였다.

그리고 아이는 부모가 아무리 감정을 숨기려고 해도 부모의 표정과 몸짓을 통해 부모의 감정을 알아차린다. 실례로 학교에서 실시하는 성격검사에서 우울과 불안 점수가 높아서 상담을 받으러 온 지적 장애 아이가 있었다. 그 부모는 부부 사이가 좋지 않았는데, 아이에게 나쁜 영향을 미칠까 봐 아이가 있는 곳에서는 언쟁을 하지 않았다고 한다. 하지만 아이는 어머니의 얼굴이 항상 어둡고 우울한 것과 아버지와 눈을 마주치지 않는 것을 보면서 부모의 사이가 좋지 않다는 것을 눈치챘다. 그리고 부모가 이혼할 것이라고 걱정하였으며, 그것이 우울과 불안의 원인이 되었다. 아이는 대부분 부모의 표정에 민감하며, 부모의 말보다는 표정을 믿는 경우가 많다. 그래서 아이에게 사랑한다고 말하면서 귀찮은 표정을 짓거나, 괜찮다고 말하면서 표정은 굳어 있는 것과 같은 이중 언어는 아이를 혼란스럽게 만든다.

화와 같은 부정적 감정은 시간이 지나면 저절로 사라진다고 생각해 화를 참으라고 하는 사람도 있다. 실제로 화가 났을 때의 신체 반응은 시간이 지나면 사라진다. 하지만 화는 우리의 안에 남아 있다가 비슷한 상황이나 사건이 나타나면 다시 살아난다. 가령, 남편이 자신을 무시해 화가 난 부인은 남편과 직접 싸우지는 않지만 그 화는 마음속에 있다가 자녀나 주변 사람이 자신을 무시하는 행동을 하면 바로 불같이 화를 낸다. 이런 경험은 누구나 한 번씩 있을 것이다. 이처럼 감정은 사라지지 않고 계속해서 그 사람의 생각과 행동에 영향을 준다.

도훈이도 누군가에게 맞았던 경험이 있던 것이다. 맞는 순간에 두려움, 공포, 화 등의 감정이 마음속 깊이 숨어 있다가 자신이나 인형을 때리는 행동으로 나타난 것이다. 처음에는 그냥 인형을 가지고 놀았지만 놀이를 하면서 자신의 경험이 생각나고 맞았던 그때의 감정이 다시 살아났던 것이다. 마치 자신이 아직도 그 순간에 있는 것처럼 말이다.

나중에 알게 된 사실이지만 도훈이는 학교에서 친구의 과자를 먹어서 선생님이 여러 번 말로 제지했지만 멈추지 않자 결국 도훈이를 때린 적이 있다고 한다. 한 번의 경험이지만 도훈이가 아직도 '때려 놀이'에 열중해 있는 것을 보면 그 경험이 매우 힘들고 강렬했던 것 같다.

도훈이의 감정이 사라지기까지는 많은 시간이 필요하다. 강렬하고 힘겨웠던 경험이 옅어지기 위해서는 그때 감정을 어루만져 주는 시간이 필요하다. 도훈이가 '때려 놀이'를 할 때마다 어머니는 도훈이에게 "무서웠구나", "아팠구나"라고 말하며 계속 도훈이의 마음을 어루만져 주었다. 지금은 도훈이가 TV에서 다른 사람이 맞는 장면이 나오면 "무서워"라고 말하며 숨기는 하지만 더 이상 자신을 때리지는 않는다.

발렌타인데이

찬숙(중학교 2학년, 지적 장애)이는 어느 날, 교실에 들어와서 매우 서럽게 울었다. 선생님과 친구들은 그런 찬숙이를 달래려고 애썼지만 찬숙이는 계속 울더니 "선호가 저랑 절교한대요"라고 하였다. 선호는 다른 반에 있는 남자아이다. 선호는 며칠 전 찬숙이가 비오는 날 우산도 쓰지 않고 걸어가는 것을 보고 우산을 같이 썼다. 그날부터 찬숙이는 선호를 좋아하게 되었고 쉬는 시간이면 선호 반에 가서 선호에게 이야기를 하거나 선호의 관심을 얻기 위한 행동을 하며 대부분의 시간을 선호와 함께 보냈다. 어느 날은 집에서 찬숙이가 공책에 더하기 문제를 잔뜩 쓰고 있기에 무엇을 하는지 궁금해 어머니가 물으니 "선호가 공부 잘하는 아이가 좋다고 했어. 선호에게 가르쳐 달라고 할 거야"라고 말하며 저녁밥도 굶으며 열심히 더하기 문제를 만들었다.

선호를 향한 찬숙이의 행동은 점점 심해져 선호네 반에서 공부하겠다고 고집을 부렸으며, 선호가 다른 아이와 집에 가면 찬숙이는 그 아이를 따라가서 "선호는 내 친구야. 다시는 만나지 마"라고 말하며 그 아이를 때리기도 하였다. 이제는 찬숙이가 선호네 반에 오면 선호네 반 아이들은 "애인 왔다"라며 선호를 놀렸다. 선호는 그런 찬숙이가 너무 귀찮고 친구들의 놀림도 싫어서 학교에 가는 것도 싫어졌다. 하지만 찬숙이에게 오지 말라고 말하면 장애를 가진 아이에게 모질게 대하는 나쁜 사람이 되는 것 같아 이러지도 저러지도 못하고 있었다. 그런데 발렌타인데이에 찬숙이가 선호에게 초콜릿을 주자 선호는 찬숙이에게 "난 이거 안 받을거야. 그리고 다시는 우리 반에 오지 마"라고 이야기를 하였다. 찬숙이는 그날 매우 서럽게 울었다.

지적 장애를 가진 아이도 다른 사람을 사랑하고 사랑받고 싶은 마음이 있다. 그래서 간혹 다른 사람이 친절을 베풀면 쉽게 그 사람을 믿고 따른다. 때로는 다른 사람과 친해지기 위해 과도하게 친근한 표현을 하기도 한다. 그리고 쉽게 다른 사람과 친해지고 스스럼없이 다른 사람에게 말을 건네기도 한다. 또 자신이 상대방을 좋아하면 상대방도 자신을 좋아할 것이라고 생각해 좋아하는 여자아이를 마구 끌어안기도 하고, 친숙한 대상에게 다가가서 가슴에 얼굴을 묻기도 한다. 하지만 이들은 그 행동으로 인해 상대방이 불편해하는 것을 알아차리지 못해 가끔 상대방에게 부담을 주기도 한다.

사회성은 자신과 상대방의 입장을 동시에 고려해야 한다. 상대방의 마음과 상황을 고려하여 자신의 욕구나 감정을 조절하는 것이 필요하다. 그러기 위해서는 상대방의 생각, 감정, 상황을 민감하게 알아차려야 한다. 지적 장애를 가진 아이는 개인차는 있지만 이런 능력이 다소 부족하다. 우리가 알고 있는 지적 능력은 학습에만 영향을 주는 것이 아니라 사회성에도 영향을 주기 때문이다. 특히 지적 능력의 부족은 타인의 기분을 알기 위한 첫 단계인 '타인의 표정 읽기'에 어려움을 준다.

　'타인의 표정 읽기'는 사회성에서 가장 기본이다. 생후 2개월 된 아기도 어머니의 표정을 살필 수 있다고 한다. 어머니가 찡그린 얼굴을 하면 아기도 어머니의 얼굴을 피한다. 반면에 어머니가 웃는 얼굴을 하면 아기는 어머니의 얼굴을 더 많이 쳐다보며 같이 웃는다. 그래서 타인의 표정을 읽는 것은 타고난 능력이라는 주장도 있다. 좀 더 분화되어 기쁨, 슬픔, 놀라움, 두려움, 화남과 같은 기본 정서와 관련된 표정을 읽는 능력은 만 3세 정도에 가능하다.

　성장하면서 아이는 다양한 사회적 경험을 통해 더욱 복잡한 감정 표현을 읽을 수 있다. 특히 단순히 얼굴 표정만으로도 미묘하고 복잡한 표정을 읽는 것이 가능해진다. 가령, 무표정하게 소파에 앉아 있는 어머니의 표정이 졸린 것인지, 화난 것인지, 지루한 것인지 표정만으로는 명확하게 구별하기 힘들다. 그러나 어머니가 어젯밤에 잠을 못 잤다는 것을 알고 있다면 아마도 어머니의 표정을 졸린 것이라고 생각할 것이다. 만약 어제 아버지와 싸웠다면 어머니의 표정을 화난 표정이라고 생각할 것이다.

이처럼 표정은 상황에 따라 적절하게 해석할 수밖에 없다. 그런데 무수한 상황 중 특정 상황과 표정을 연결해 해석하는 것은 지적 능력과 상관이 높다. 예를 들어, 어머니는 어젯밤에 잠을 못 잤고, 아버지와도 싸웠고, 동생과 즐겁게 놀기도 하는 등 다양한 일이 있었는데 그 많은 일 중 지금 표정과 연관짓는 능력은 바로 지적 능력과 관련이 있다. 무수한 일들 중 가장 연계성이 높은 사건을 찾아내는 과정은 우리가 생각하는 것보다 훨씬 복잡한 것이기 때문이다. 즉, 받아들인 다양한 정보를 과거의 경험이나 현재의 맥락과 조합하여 여러 가지 가설을 세우고, 그중에서 가장 그럴듯한 가설을 채택하는 과정을 신속하게 거쳐야 하기 때문이다.

사람이 사람을 좋아하는 마음은 누구나 가질 수 있지만 그 관계를 원만하게 잘 맺는 능력은 사람마다 다르다. 다음은 지적 장애를 가진 한 청년이 타인의 입장을 고려하지 않고 자신의 사랑하는 마음을 표현하여 곤란함을 겪은 이야기다.

지적 장애를 가진 정현(24세) 씨는 같은 교회에 다니는 여학생을 좋아했는데, 새벽이고 밤이고 매일 전화를 해 사랑한다며 결혼하자고 말했다. 교회에서도 다른 사람이 여학생 옆에 다가가기만 해도 화를 내며 소리를 지르곤 하였다. 이를 견디다 못한 여학생이 결국 이사를 가게 되었는데, 정현 씨는 그 여학생이 이사 간 곳으로 찾아가 여학생에게 만나자고 하였다. 결국 여학생은 법원에 접근 금지 명령을 신청하였다.

정현 씨는 정말 그 여학생을 좋아했다. 그래서 맛있는 것을 먹다가도 그 여학생에게 주려고 가방에 넣었다가 음식이 가방 안에서 썩기가 일쑤였다. 한번은 어머니의 귀금속을 모두 가져가 여학생에게 주려고 해 소동이 일어난 적도 있었다. 정현 씨는 상대방을 사랑하는 마음은 있으나 자신의 과도한 사랑 표현이 상대방에게 피해가 될 수 있다는 것은 몰랐던 것이다. 아마도 그동안 그 여학생은 귀찮고 싫다는 표현을 표정이나 행동으로 무수히 했을 것이지만 정현 씨는 그런 비언어적 신호를 알아차리지 못했던 것이다. 그 결과, 정현 씨도 자신의 순수한 사랑의 마음이 거절당해 상처를 입었고 그 여학생도 심리적으로 힘들게 되었다.

지적 장애를 가진 아이는 사랑받고 싶은 마음, 칭찬과 인정받고 싶은 마음, 자신의 꿈을 이루고 싶은 마음 등 우리가 가지고 있는 소망과 희망을 똑같이 가지고 있다. 그리고 원하는 것을 이루기 위해 최선을 다한다. 다만, 사람과의 관계에서 다양한 정보를 처리하고 하나의 목표를 위해 정보를 통합하는 능력이 부족하고 다양한 해결책을 고안하는 것이 어려워서 그 행동들이 다소 어설프고 미성숙해 보일 수 있다. 그러다 보니 대인 관계에서 많은 시행착오를 겪게 된다.

이런 시행착오를 줄이기 위해서는 다양한 사회 상황을 경험하고 이를 적절하게 해결할 수 있는 문제 해결력을 길러 줘야 한다. 예를 들어, 찬숙이와 정현 씨가 상대방을 좋아하는 마음은 우선 비난하지 말고 인정해 주며 자신의 행동이 상대방에게 어떻게 보일지 알도록 하고, 상대방을 귀찮게 하지 않으면서 친해질 수 있는 구체적인 방법을 함께 찾아봐야 한다.

 필자는 찬숙이에게 상대방의 표정을 읽는 방법을 알려 주었다.
상대방의 표정이 웃거나 좋은 표정이면 자신의 행동이 상대방의
마음에 든다는 의미이며, 상대방의 표정이 찌그리거나 경직되어
있으면 자신의 행동이 상대방의 마음에 들지 않는다는 의미라는
것을 알려 주었다. 그리고 상대가 안 좋아하는 것 같으면 지금 하고
있는 행동을 중단해야 한다는 것도 알려 주었다. 찬숙이는 타인의
표정을 읽는 연습을 통하여 다른 아이들과 점차로 원만한 관계를
형성하였다.

파 워

영환이 선생님은 요즘 영환이의 행동 때문에 고민이다. 초등학교 3학년인 영환이는 지적 장애 3급으로 사회 적응력이 좋아서 일반 학교에 다니고 있다. 학습을 제외한 다른 영역에서 그리 어려움이 없었던 영환이는 학교에 등교하면 제일 먼저 선생님에게 다가와서, "선생님, 컴퓨터로 동영상 봐도 돼요?", "나무 잘라도 돼요?", "공책 찢어도 돼요?" 등 선생님이 허락하기 곤란한 것들을 요구한다. 만약 선생님이 안 된다고 하면 안 되는 이유를 계속 따지며 선생님 몰래 하기도 한다. 처음에 선생님은 영환이가 지적 장애 때문에 학교 규칙을 잘 몰라서 그렇다고 생각해 "지금은 수업 중이라 동영상을 볼 수 없어", "나무를 자르면 나무가 아파서 안 돼", "공책은 찢으면 안 돼" 등 안 되는 이유들을 자세히 설명해 주었다. 하지만 여전히 영환이는 선생님이 안 된다고 한 것들을 하였다.

하루는 영환이가 교실에서 화분을 들고 와서 선생님에게 "이거, 창문으로 떨어뜨리면 깨져요?"라고 물었다. 당황한 선생님은 "그래, 화분을 창문 아래로 떨어뜨리면 깨져"라고 말하며 제자리에 화분을 가져다 놓으라고 지시하였다. 그러자 영환이는 "왜요? 왜 깨져요?"라고 재차 물었고, 선생님은 다시 그 이유를 설명해 주었다. 그러자 영환이는 씩 웃으며 "그래도 화분 던질 거예요"라고 말하며 화분을 창문 밖으로 던졌다. 결국 선생님은 화가 나서 영환이를 야단쳤고, 영환이는 선생님의 화난 모습을 웃으며 바라보았다.

아이의 행동에는 항상 목적이 있다. 즉, 행동을 통해 얻고 싶은 것이 있다. 그럼, 영환이 행동의 목적은 무엇일까? 선생님은 영환이 행동의 목적을 호기심 때문이라고 생각하였다. 그래서 행동의 결과를 미리 알려 주면 영환이가 그만둘 것이라고 생각하였다. 하지만 선생님이 행동의 결과를 자세히 설명해 주어도 영환이의 행동은 계속 되었다. 그것은 영환이의 행동이 단순히 호기심 때문은 아니라는 의미다.

영환이가 선생님에게 물어보는 것들은 대부분 선생님이 금지한 것들이다. 물어보는 대상도 반 친구나 다른 사람이 아니라 담임 선생님에게만 물어본다. 게다가 물어보는 것들도 이미 안 되는 행동이라고 선생님이 알려 주었던 것들이다.

그런데 왜 영환이는 안 되는 이유를 알면서도 그 행동을 계속할까? 그 답은 영환이 행동의 목적이 바로 선생님의 반응이기 때문이다. 영환이 행동은 선생님을 당황하게 만들고 결국은 화를 유발한다. 선생님이 당황함을 느낀다는 것은 영환이에게 어떤 의미일까? 일부러 누군가를 골탕 먹이고 당황하게 만들면 우리는 어떤 감정을 느낄까? 아마도 자신이 상대방을 골탕 먹일 수 있는 힘과 능력이 있다는 생각에 기분이 좋아질 것이다. 영환이도 선생님이 금지한 행동을 하거나 선생님이 당황해하는 것을 보면서 자신이 선생님을 그렇게 만들 수 있다고 생각할 것이다. 이는 우리가 가지고 있는 힘의 욕구의 한 표현 방법이다.

힘의 욕구는 다른 사람을 통제하고 지배하고 싶은 욕구로 자신이 남보다 우월하다는 것을 느끼고 싶은 마음이다. 프로이트라는 학자에 의하면, 인간은 어린 시절부터 본능적으로 다른 사람을 지배하고 싶은 욕구를 가지고 태어난다고 한다. 그래서 힘의 욕구는 단번에 힘의 욕구라고 알아차릴 수 있는 행동으로 표현되기도 하지만 쉽게 눈치챌 수 없는 행동으로도 나타난다. 가령, 대소변을 가리는 시기의 어린 아이는 대소변 조절을 통해 자신의 힘을 느끼고, 아동기에는 상상놀이나 환상놀이를 통하여 무한한 힘을 가진 자신을 확인한다. 이런 욕구를 가진 아이는 슈퍼맨, 로봇, 공룡 등을 좋아하거나, 무한한 힘을 가진 것처럼 보이는 아버지나 형을 무조건 동경하며 따라 하기도 한다.

이에 반해 어른은 아이와는 다르게 현실에서 자신의 힘을 확인한다. 멋진 자동차, 높은 지위, 넓은 집, 잘 나가는 자식들, 멋진 외모 등을 통해 힘을 느낀다. 그리고 다른 사람의 생각이나 행동, 감정을 자신의 마음대로 하고 싶은 마음도 힘의 욕구의 한 표현이다. 그래서 자식이나 아래 사람이 자신의 의견에 따르지 않으면 화를 내고, 모임에서 자신의 생각이 받아들여지지 않으면 무시당했다고 생각한다.

간혹 특별한 아이의 부모 중에는 아이가 자신의 말을 잘 듣지 않으면 화를 내는 분이 있다. 이분들도 아이의 마음이나 행동을 이해하지만 가끔 아이가 자신의 말을 무시하는 것 같으면 자신도 모르게 화가 나서 아이에게 언어적으로 또는 신체적으로 상처를 주기도 한다. 그 안에는 '나는 무시당하고 있다'라는 마음이 있기 때문이다. 이 또한 힘의 욕구가 좌절되어 나타나는 현상이다.

한번은 다섯 살 된 지적 장애를 가진 아이가 의자에 앉지 않고 엉거주춤한 자세로 수업을 받았다. 이상하게 생각하여 아이에게 의자에 편히 앉으라고 했지만 여전히 아이는 의자에 앉으려다 다소 고통스러운 얼굴로 다시 일어섰다. 아이가 불편한 것 같아서 바지를 내려보니 아이의 엉덩이가 파랗게 멍이 들어 있었다. 어머니의 말을 들어보니 전날 아버지가 아이가 '아빠'라는 말을 하지 않는 것이 아이의 고집 때문이라고 생각해 아이가 아빠라고 말할 때까지 때렸다고 한다. 아이는 지적 장애 2급으로 옹알이처럼 무의미한 발성은 가능하지만 의미 있는 말은 아직 못한다. 하지만 아버지는 어쩌다 아이가 내뱉은 '아빠'라는 말을 들은 적이 있기 때문에 분명 말을 할 수 있는데 자신을 무시해서 말하지 않는다고 생각했던 것이다.

힘의 욕구는 사람에게 왜 이리 중요할까? 그 답은 우리의 생존에 매우 필요하기 때문이다. 혹자는 약육강식의 세계에서 힘이 없으면 다른 동물의 먹이가 되기 때문에 모든 동물은 자신을 보호하기 위해 힘을 추구한다고 한다. 또 다른 혹자는 우리는 세상에 태어나는 순간 누군가에 의존해 살아가야 하는 불안전한 존재지만, 우리는 독립된 존재로 살아가길 항상 꿈꾼다고 한다. 이 때문에 남에게 의존하는 불안전한 자아에서 남에게 의존하지 않는 독립된 자아로 살아가기 위해서는 자신의 능력과 힘에 대한 확신이 필요하다는 것이다. 스스로 힘이 있다고 생각하면 두려움 없이 의존 대상으로부터 독립할 수 있기 때문이다. 즉, 독립된 자아를 형성하기 위해 힘을 추구한다. 개인적으로 필자는 후자를 믿고 싶다. 다른 사람을 공격하기 위한 것이 아니라 홀로 서기 위해 자신의 능력과 힘을 확인하는 과정에서 나타나는 것이 힘의 욕구라고 생각한다.

힘의 욕구는 방해받으면 화라는 감정을 유발하고 이는 공격적이고 반항적인 행동으로 나타난다. 그래서 선생님이나 부모가 아이에게 하지 못하도록 금지하는 것이 많을수록 힘의 욕구는 더욱 커지고 선생님이나 부모에게 반항하게 된다. 즉, 반항적 행동도 힘의 욕구를 충족시키기 위한 행동이라고 할 수 있다. 영환이도 선생님의 금지 사항을 자신의 능력을 작게 만드는 것이라고 생각하기 때문에 선생님의 금지 사항에 계속 도전하였다. 선생님이 하지 말라고 금지한 것을 하나씩 어기면서 영환이는 자신의 능력과 힘을 확인하였던 것이다. 하지만 선생님은 그런 영환이의 행동을 계속 제한하여 영환이를 더욱더 반항적으로 만들었다.

반항적인 행동으로 자신의 힘을 확인하려는 아이에게는 우선, 지금 현재 자신의 행동으로는 힘을 얻을 수 없다는 것을 인식시키고 바람직한 행동으로 자신의 욕구를 표현하도록 도와주어야 한다. 그러기 위해서는 아이가 원하는 것을 정당한 방식으로 주어야 한다. 즉, 사회적으로 인정된 방식으로 힘의 욕구를 충족시켜 주어야 한다. 가령, 아이에게 1일 반장을 시키거나 선생님의 심부름을 시켜서 아이가 자신이 중요한 사람이라는 인식을 가질 수 있게 한다. 영환이에게도 1일 반장과 우유 당번을 일주일에 2번을 시키고 칭찬해 주자, 영환이는 더 이상 선생님이 금지한 행동을 하지 않았다. 영환이처럼 반항적인 행동을 하던 아이에게 권한과 책임을 부여하면 아이가 모범생이 되는 경우를 종종 보게 된다.

초등학교 5학년 하윤이는 학교에서 선생님에게 반항하고, 자신의 권위에 도전하는 친구들과 자주 다투었다. 그래서 하윤이는 암묵적으로 그 학교에 문제아로 찍혀 있었다. 그런 하윤이가 6학년이 되어 학교 회장에 출마하였다. 친구들이 장난삼아 추천한 것이었지만 출마한 날부터 하윤이의 행동은 바뀌기 시작하였다. 평소에 구겨 신고 다니던 운동화를 더 이상 구겨 신지 않았다. 또 기분 나쁘면 친구에게 바로 주먹을 날리던 행동도 하지 않았다. 그리고 항상 수업 중에 선생님의 말을 반대로 따라했던 행동도 사라졌다. 하윤이는 모범생이 되었다.

이처럼 아이는 원하는 것을 긍정적인 방식으로 얻게 되면 더 이상 부정적인 방식으로 행동하지 않게 된다. 지금 주변에 말 안 듣고 반항적인 아이가 있다면 아이의 장점을 찾아서 칭찬해 주라. '미운 놈 떡 하나 더 주라'는 속담처럼. 만약 아이의 장점을 찾을 수 없다면, 세상에 장점이 없는 사람은 없다는 것을 기억하고 꼭 찾길 바란다.

선택적 함묵증

지적 장애를 가진 선주는 초등학교 1학년이다. 다른 지적 장애를 가진 아이들에 비해 언어, 학습, 사회성이 좋은 선주는 별 어려움 없이 지금까지 생활을 해 왔다. 선주는 어릴 때 붙임성이 좋고 잘 웃으며 사람과 함께 있는 것을 좋아하는 아이였다. 그런데 초등학교 1학년에 입학하고부터 선주는 학교에서 한마디도 하지 않았다. 이름이나 나이를 물어도 대답하지 않고, 심지어는 화장실에 가고 싶다는 말도 하지 않았다. 한번은 수업 중에 대변을 보고 3시간 동안 앉아 있다가 주변 아이들이 냄새가 난다고 해서 선주가 볼일을 본 사건이 알려진 적도 있었다. 학교에서 선주는 '벙어리', '돌부처'라고 불렸다.

선주의 담임 선생님은 선주가 부끄러움이 많아서 그렇다고 생각해 선주에게 먼저 다가가 다정하게 인사도 하고 심부

름도 시키면서 관심을 주었다. 그럴 때면 선주는 시선을 피하며 고개를 숙이기 일쑤였고, 반 친구들도 선주와 친하게 지내고 싶어 선주에게 관심을 보였지만 여전히 피하기만 하였다. 하지만 학교와 달리 집에서는 시끄럽다고 생각될 정도로 하루 종일 가족과 많은 이야기를 나누었다. 그날 학교에서 일어났던 일, 친구들이 했던 놀이나 말, 선생님의 행동 등을 모두 어머니에게 이야기했다.

이런 선주의 행동은 선택적 함묵증(selective mutism)이라고 불린다. 선택적 함묵증은 가족이나 친한 친구 등 특정한 대상에게는 말을 하지만 특정 대상을 제외한 다른 사람에게는 말을 하지 않는 것이 특징이다. 이것은 기질, 불안, 심리적 손상 등 다양한 이유가 있지만 공통적으로 이들의 마음에는 타인에게 말하는 것에 대한 두려움이 있다. 즉, '다른 사람에게 나의 생각을 말하면 다른 사람들이 비난할 수도 있다', '다른 사람에게 이야기를 하면 다른 사람들이 놀릴 수도 있다', '나는 말하지 않는 것이 제일 안전하다'라는 생각 때문에 다른 사람에게 말하지 않는 것이다. 선주의 마음에도 다른 사람에게 이야기하면 자신에게 불리한 일이 일어날 것이라는 생각이 깊숙이 자리하고 있었다. 다음은 선주에게 있었던 일이다.

 초등학교에 입학했을 때 자신의 꿈에 대해 소개하는 시간이 있었다. 그때 선주는 꿈을 장래의 희망이라는 뜻인 줄 모르고 밤에 꾸는 꿈이라고 생각해 지난밤에 꾼 꿈을 발표하였다. 순간 교실 안은 온통 웃음바다가 되었고 한 아이는 바보라고 놀리기까지 하였다. 그 후에도 선주가 이야기를 할 때마다 친구들은 웃거나 놀렸다. 어느 순간부터 선주는 다른 사람에게 자신의 생각이나 의견을 이야기하면 놀림거리가 된다고 생각하게 되었고 다른 사람에게 이야기하는 것이 두려워졌다.

지적 장애를 가진 아이들은 간혹 문맥 안에서 단어를 해석하기보다 단어 자체만을 해석하는 경우가 종종 있어서 질문에 엉뚱한 대답을 하기도 한다. 또 타인의 농담이나 은유를 비롯한 비유적 표현들을 이해하지 못하여 또래 관계에서 웃음거리가 되기도 한다. 지적 장애를 가진 윤철이도 콩쥐팥쥐에 대해 읽고 독후감을 써 오라는 선생님의 말에 "콩쥐가 무슨 쥐예요?"라고 말하여 교실을 웃음바다로 만든 적이 있었다.

이처럼 문장이나 단어 자체만의 의미로 해석하는 것은 그 말을 하게 된 상황을 정확하게 이해하지 못했다는 의미다. 가령, 아버지가 하루 종일 TV를 보고 있는 아이에게 "넌 커서 뭐가 되려고 그러니?"라고 말을 했다고 가정해 보자. 그 말은 하루 종일 TV보는 아이가 한심하게 보인다는 의미다. 하지만 상황을 무시하고 문자로만 해석하면 아이는 "경찰관이요"라고 대답을 할 수도 있다. 실제로 한 어머니는 말썽을 피우고 들어 온 아이에게 화가 나서, "정말 잘났다"라고 말하자, 아이가 너무 좋아하며 "감사합니다"

라고 말해 웃은 적이 있다고 한다.

　지적 장애를 가진 아이가 상황과 맥락을 이해하지 못하는 특성은 사회생활에서 여러 가지 어려움을 초래한다. 가령, 부부 싸움으로 기분이 좋지 않은 어머니 상황을 눈치채지 못하고 밥 달라고 조르고 떼를 써서 화를 유발하기도 한다. 또 선생님에게 야단을 맞아 속상한 친구에게 "선생님 말을 잘 들어"라고 바른 소리를 해 친구에게 미움을 받기도 한다.

　선택적 함묵증은 타고나는 것이 아니다. 아이가 처음부터 말을 하지 않는 경우는 극히 드물다. 대부분 환경 속에서, 즉 주변 사람들의 부정적인 반응으로 인해 타인에 대한 두려움이 생긴 것이다. 선주도 밝고 사교적인 성격이었으나, 초등학교 입학 후 친구들의 웃음거리가 되고 난 후부터 다른 사람 앞에서 이야기하는 것을 두려워하게 되었다.

　선주가 다시 다른 사람 앞에서 말하도록 도와주기 위해서는 먼저 다른 사람에게 말해도 괜찮다는 것을 반복해 경험시켜 주어야 한다. 그러나 이미 선주는 많은 경험을 통해 '다른 사람에게 말하면 놀림을 받는다'라는 생각이 마음에 깊이 자리 잡았고 자신이 말하지 않으면 타인으로부터 비난과 놀림을 받지 않게 된다는 것을 학습하였다. 그렇기 때문에 타인에게 말해도 괜찮다고 자신의 생각을 바꾸는 것은 쉽지 않다. 더욱이 사람들 앞에서 말을 하지 않는 것이 사람들의 비난으로부터 자신을 안전하게 지키는 대처 방식이라서 쉽게 포기할 수도 없다.

그렇다면 선주에게 타인에게 말하는 것이 두렵지 않다는 것을 어떻게 알려 줄 수 있을까? 아이러니하게도 선주에게 타인과 말하는 것이 두렵지 않다는 것을 알려 주기 위해서는 우선 말이라는 의사소통 방식을 포기해야 한다. 의사소통을 꼭 말로 해야 한다는 생각을 버리고 말이 아닌 다양한 방식으로 선주와 의사소통을 하여야 한다. 즉, 아이가 말하는 것이 두렵다면 말이 아닌 다른 방식으로 자신의 의사를 표현하도록 도와야 한다. 예를 들어, 간단한 그림이나 의사소통 카드, 간단한 몸짓 언어를 사용하여 말에 대한 부담감을 줄여 주어야 한다.

이때 중요한 것은 선주를 재촉하지 말아야 한다. 대신 선주의 작은 표현이라도 경청하고 격려해야 한다. "무슨 말인지 모르겠어. 말로 해 봐"와 같은 말은 아이를 긴장하게 만든다. 아이가 어떤 형태로든 자신의 의사를 표현한다면 적극적으로 격려해야 한다.

그다음에는 '예' 또는 '아니요'로 답할 수 있는 질문을 사용하여 조금씩 아이가 말이라는 형태로 자신의 의사를 표현할 수 있도록 돕는다. 이때도 아이가 "예" 또는 "아니요"를 말로 할 수 없으면 입 모양이나 손가락 등으로 표현하도록 격려한다. 그 단계가 잘 이루어지면 간단한 단어로 대답을 할 수 있는 질문으로 넘어간다.

이와 같은 과정은 아이의 반응에 따라 서서히 진행하는 것이 좋다. 그리고 여유를 가지고 기다려 주어야 한다. 아이의 생각이 바뀌는 데는 많은 시간과 경험이 필요하다.

마지막으로 선주가 자신의 이야기를 시작하면 아무런 비판 없이 그대로 수용하고 들어 주어야 한다. 밥을 먹거나 잠을 잔 이야기처럼 일상의 하찮은 이야기라고 생각되는 것도 열심히 관심을 가지고 들어주어야 한다. 그래야 아이는 자신의 이야기가 존중받고 있다는 것을 느끼고 신이 나서 더 많은 이야기를 할 것이다. 이때 질문은 하지 않고 최대한 들어 주는 것이 좋다.

누군가에게 자신의 이야기를 할 때 불편함과 긴장감을 느꼈던 경험을 기억해 본다면 선주의 마음을 잘 느낄 수 있을 것이다. 선주의 마음을 이해하고, 말하지 않는 선주도 사랑해 준다면 반드시 말문을 열 것이다.

지적 장애도 외롭다

지적 장애를 가진 소영(중학교 2학년)이는 며칠 전 자신의 손목을 칼로 그어 일곱 바늘을 꿰맸다. 사건의 전말은 이렇다. 평소에 인터넷 채팅을 좋아하는 소영이가 얼마 전부터 인터넷에서 남자 친구를 사귀었다. 학교에서 돌아오면 바로 인터넷으로 남자 친구와 채팅을 하며 밤낮으로 컴퓨터 앞을 떠날 줄 몰랐다. 그런 소영이가 걱정되기도 했지만 평소에 친구 하나 없이 지내는 소영이가 안쓰러웠던 부모는 그런 소영이를 그냥 바라보기만 했다. 그러던 어느 날, 소영이는 인터넷으로 만난 남자 친구에게 자신이 그동안 모아놓은 돈 5만 원을 보냈다. 남자 친구가 돈을 보내지 않으면 더 이상 만나지 않겠다고 협박했기 때문이다. 소영이 부모는 소영이에게 더 이상 그 남자를 만나지 말라고 했고 인터넷도 금지시켰다. 그러자 소영이는 "그럼, 죽을거야. 나는 그 오빠가 좋아. 나

한테 친절하게 말해 주는 사람은 그 오빠뿐이야"라고 말하며 울었다. 그날 밤 소영이는 자신의 손목을 그었던 것이다.

소영이는 어릴 때부터 사람과 어울리는 것을 좋아했다. 하지만 초등학교 입학 후부터 소영이가 지적 장애라는 이유로 친구들이 떠나갔다. 처음에 소영이는 친구들과 친하게 지내기 위해 친구에게 선물을 주고 계속 메시지나 전화도 하였지만 친구들은 그런 소영이를 도리어 부담스러워 했다. 어느 순간부터 소영이는 항상 친구들의 주변을 맴도는 아이가 되었고, 시간이 지날수록 점점 학교에서 말수가 없어지고 학교도 가기 싫어했다. 그러던 어느 날 인터넷으로 자신의 이야기를 잘 들어 주는 남자 친구를 만나게 된 것이었다.

다른 사람과 소통하고 관계를 형성하고 싶은 소속감은 인간이 가진 기본 욕구 중 하나다. 지적 장애를 가진 아이라고 예외일 순 없다. 이는 물론 사회성의 황무지라고 불리는 자폐 성향을 가진 아이들도 마찬가지다. 소속감은 다른 사람과의 관계 속에서 그 집단에 자신이 속해 있다는 의미이며, 그 집단원에게 인정을 받고 있다는 뜻이다. 이는 자아정체성 형성에 영향을 줄 뿐 아니라 함께 살아가는 즐거움을 주는 원동력이 된다. 소영이도 친구들과 어울려 소속감은 물론 함께하는 즐거움을 경험하고 싶었던 것이다.

하지만 친구를 사귀고 집단에 소속되는 것은 마음만으로 되는 일이 아니다. 우리가 새로운 집단에 적응하고 소속되는 과정을 돌이켜 보면 아주 복잡한 과정임을 알 수 있다. 그 집단만의 문화를 알고 따라야 하고, 각 집단원 하나하나의 마음을 알아서 그들과 소통해야 한다. 또한 집단원 간에 갈등이 발생하면 이를 해결할 수 있어야 하며, 공동의 관심사에 자신의 욕구를 맞추기도 해야 한다. 그래서 우리가 어느 집단에 속해 있다는 것은 이 모든 것을 잘 수행하고 있다는 뜻이 된다. 하지만 사회성이 부족한 아이는 집단과 관련된 암묵적인 규칙들을 잘 이해하고 수행하지 못한다. 가령, 친구들이 라면과 떡볶이를 먹고 싶다고 할 때, 혼자서만 스파게티를 먹겠다고 주장하면 친구들로부터 배척당할 수 있다. 설사 스파게티가 먹고 싶어도 다수의 의견이 라면과 떡볶이라면 그 의견을 따라야 할 때도 있다.

친구 사귀기는 마음뿐 아니라 기술이 필요하다. 다른 사람을 사귀고 그 관계를 유지하는 데 필요한 기술을 사회 기술이라고 한다. 그리고 다른 사람과 관계를 맺고 싶어 하는 마음과 관계를 맺고 유지할 수 있는 기술이 모두 포함된 것이 사회성이다.

소영이는 타인과 친밀한 관계를 맺고 싶은 마음은 있으나 관계를 맺고 유지할 수 있는 기술이 다소 부족하다. 사회성은 그 사회가 원하는 규범이나 규칙을 습득하는 것도 포함되지만 '인사하기', '요구에 답하기', '도움 청하기', '상대방의 마음 공감하기', '문제 해결하기', '이야기 유지하기', '부당한 요구에 거절하기' 등과 같은 여러 가지 사회 기술도 필요하다. 그런데 이런 기술들은 지적 능력과 상관이 높다.

타인의 마음을 공감하고 이해하려면 자아중심성에서 벗어나 상대방의 입장을 이해할 수 있어야 한다. 이 능력은 만 4세 이상이 되어야 가능하다. 간혹 부모가 4세가 안 된 자녀에게 "너는 왜 그렇게 남을 배려하지 못하니?"라며 꾸지람 하는 경우를 종종 보게 된다. 그런데 이것은 4세 이하의 아이에게는 다소 어려운 요구다. 4세 이하의 아이가 상대방의 입장에서 생각하고 그 마음을 이해하는 것은 어렵다. 만약 지금 옆에 있는 3세 아이가 타인의 마음을 공감하고 배려하고 있다면 그것은 아마 마음이 아니라 교육에 의해 습득된 것이다. 즉, 마음으로 느끼는 것이 아니라 부모가 그렇게 하도록 교육시켰기 때문이다. 4세 이하의 아이는 자신이 좋으면 다른 사람도 자신을 좋아한다고 생각한다. 또 자신이 보고 싶으면 언제든 그 친구가 전화를 받아 줄 것이라고 오해한다. 이처럼 타인의 입장을 고려하지 못하는 자기중심적인 사고는 필자의 딸이 다섯 살 때 있었던 다음의 사건을 통해서도 알 수 있다.

 하루는 딸아이가 남자 친구와 결혼하기로 해서 그 아이에게 선물을 줘야 한다며 밤 10시에 그 집에 가겠다고 고집을 부린 적이 있었다. 그래서 지금은 밤이라 남에게 피해가 된다고 설명을 해 주었지만 딸아이는 피해가 되지 않는다고 그 아이가 기다리고 있다며 지금 가야 한다고 한참 떼를 썼다. 나중에 안 사실이지만, 결혼하기로 한 남자 친구도 딸이 혼자 좋아하는 것이었다.

또 한번은 집에서 볼 수 없었던 작은 장난감 2개가 주머니에 들어 있었다. 친척 집에 놀러갔다가 그냥 넣어가지고 온 것이다. 허락 없이 물건을 가져오는 것은 안 된다고 말했더니,

갑자기 딸이 "왜 안 돼? 나는 이게 가지고 싶어. 그리고 오빠는 이게 필요 없어서 괜찮아"라고 말하였다. 그래서 필자가 "오빠가 필요 없다고 말했어?"라고 묻자 딸아이는 "아니. 말 안 했어. 그냥 내 생각이야"라고 답하였다.

지적 장애를 가진 아이는 미묘하고 은유적인 의사소통을 잘 알아차리지 못한다. 그래서 친구가 은근히 싫어하고 귀찮아하는 표정과 행동을 보여도 직접적으로 "너 싫어. 너랑 만나고 싶지 않아"라고 말을 하지 않으면 그 친구가 자신을 싫어한다는 것을 알지 못하는 경우도 있다.

지적 장애를 가진 한 중학생이 쉬는 시간에 친구들이 놀이동산에 간다는 이야기를 듣고 자기도 같이 가도 되냐고 물었다. 그런데 친구들은 "글쎄"라고 하였고, 그 아이는 친구들이 만나기로 한 장소에서 3시간이 넘도록 친구들을 기다렸다. 나중에 안 사실이지만, 친구들은 그 아이를 데리고 가기 싫어서 약속 장소를 바꾸었던 것이다.

이처럼 지적 장애를 가진 아이는 미묘한 표정이나 비언어적 신호를 놓쳐서 대인 관계에서 오해를 사는 경우가 많다. 그래서 필자는 지적 장애를 가진 아이와 관계를 맺고 있는 사람들에게 자신의 마음을 직접적인 언어로 표현하도록 부탁한다.

사회성은 지적 능력과 관련이 많다. 그래서 지적 장애를 가진 아이들은 친구와 사귀고 싶은 마음은 있지만 기술이 다소 미숙하여 친구 관계를 오랫동안 유지하기 어렵다. 소영이도 적절한 사회 기술이 부족해 친구를 사귀지 못했던 것이다. 하지만 소영이에게 자신의 말을 너무도 잘 들어 주는 친구가 나타났던 것이다. 그 친구는 자신의 유일한 친구다. 그런 친구가 부당한 요구를 했을 때, 물론 그 요구가 부당하다는 것을 알고 있더라도 자신이 거절을 하면 그 친구가 다시는 연락하지 않을까 봐, 소영이는 부당한 요구를 거절하지 못했던 것이다.

우리 주변에는 지적 장애가 아니더라도 소영이와 같은 행동을 하는 아이들이 많다. 항상 사랑과 인정을 갈망하던 중에 누군가 자신에게 손을 내밀면 마치 불나방이 불을 향해 뛰어들듯이 그 손을 덥석 잡는다. 그리고 상대방이 부당한 요구를 해도 상대방이 떠날까 봐 거절하지 못한다. '사랑의 콩깍지'라는 말처럼 무언가를 절실히 갈망하면 이성 기능이 마비된다. 그래서 곰보도 아름답게 보이고 괴팍한 성격도 개성 있게 보인다. 그리고 많은 사람이 상식적으로 이해하지 못하는 선택을 하게 되며, 그 선택을 나중에 후회하며 자신을 자책하기도 한다. 하지만 소영이처럼 그 선택이 그 순간에는 가장 최선의 것이었다는 것을 잊지 말자.

소영이에게 무엇이 필요할까? 우선 소영이에게 소속감을 줄 수 있는 친밀한 대상이 필요하다. 가족이 그 역할을 해 주지만 청소년기의 아이는 그 대상을 또래로 확장시키고자 한다. 소영이도 가족이 아닌 다른 타인과의 관계를 형성하도록 도와주어야 한다.

그리고 관계를 형성하고 유지할 수 있는 사회 기술을 알려 주어야한다. 물론 지적 장애를 가진 소영이가 알기 쉽도록 그림이나 시청각 자료를 이용하여 구체적인 방법을 알려 주는 것이 좋다. 예를들어, 모 개그 프로의 '애정남'처럼 '친구에게 메시지는 9시 이후에하지 않는다', '친구가 '글쎄'라고 하는 말은 거절이다. 그럴 때는다시 권하지 않는다'와 같이 구체적인 기술을 알려 준다. 그리고배운 것을 실생활에서 활용할 수 있도록 역할 연습을 통하여 몸에 배도록 연습시킨다. 더불어 소영이에게 '거절하기'라는 사회기술도 알려 주어야 한다.

거절하기는 고도의 사회 기술이다. 대부분 사람이 타인에게 거절을 잘 하지 못한다. 그 이유는 타인이 상처를 받을까 봐 또는 상대방이 자신을 싫어할까 봐 두려워서다. 그래서 타인의 감정을상하지 않게 하면서 자신의 의견을 표현할 수 있는 구체적인 방법을 알려 줘야 한다. 예를 들어, "너의 마음이 그렇구나. 하지만나는 지금 시간이 없어서 그것을 하기 싫어"라고 상대방의 입장을 이해하고 자신의 입장을 설명하도록 한다.

이 모든 사회 기술은 소영이의 사회생활에 도움이 된다. 하지만가장 우선되어야 하는 것은 또래로부터 인정을 받고 싶었던 소영이의 마음을 알아 주고 그 마음을 함께 나누어 주는 대상이다.

트라우마

선우(7세)는 2주 전부터 배가 아파 집 밖에 나갈 수 없었다. 지금은 선우가 좋아하는 태권도 학원과 유치원도 그만두고 집에만 있다. 선우는 비록 지적 장애를 가지고 있지만 지금까지 유치원이나 학원 생활을 잘 했으며 가기 싫다고 한 적은 한 번도 없었다. 그런데 요즘 선우는 집을 나서려고 하면 배가 아프다며 집에서 나가려 하지 않는다. 어쩌다 집을 나가면 화장실 위치부터 찾으려고 동분서주하고, 화장실을 계속 왔다 갔다 한다. 며칠 전부터는 외출을 해야 할 때 기저귀를 차겠다고 고집을 부린다. 병원에서는 신체에 아무 이상이 없다며 심리적인 문제인 것 같다고 심리상담을 권하였다.

2주 전 선우는 유치원에서 배가 아파 화장실에 가는 도중에 바지에 실수를 하였다. 수업 도중에 배가 아팠지만 수업 시간에는 화장실에 갈 수 없다는 선생님의 말에 배가 아파도 참다가 그만 실수를 했던 것이다. 그때 선우는 평소에 엄격하기로 소문난 선생님에게 "화장실에 가고 싶으면, 미리 말을 해야지"라는 꾸중을 들었다.

선우는 쉬는 시간에만 화장실에 갈 수 있다는 규칙을 지키려다 실수를 한 것인데, 선생님이 혼내는 것을 이해할 수 없었고 아이들의 놀림도 너무 속상하였다. 그날 이후 선우는 수업 시간에 배가 아플까 봐 그래서 또 바지에 실수를 하게 될까 봐 두려웠다. 그리고 이상하게 집을 나서려면 배가 아프기 시작했다.

선우처럼 바지에 실수하는 일은 유치원 아이들에게 흔히 일어나는 사건이다. 하지만 이런 실수에 주변 사람들이 부정적으로 반응해 선우가 집 밖에 나가기 두렵게 된 것이다. 이처럼 심리적 두려움을 만드는 사건을 '트라우마(trauma)'라고 한다. 트라우마는 개인에게 발생한 사건이나 상황이 심리적 상처로 남아 적응과 생활에 지속적으로 부정적 영향을 준다. 교통사고로 인한 온 가족의 사망, 대구 지하철 화재 사건, 집단 성폭행 등과 같은 끔찍한 경험이 그 예다. 이런 경험은 그 기억에서 벗어나기 힘들고, 그때 상황과 유사한 자극들을 접하면 쉽게 두려움에 빠지거나, 그 상황과 같은 일을 다시 경험하지 않기 위해 세상과 단절된 생활을 하기도 한다.

대학원 수업을 듣는 학생 중에 유달리 불안과 두려움이 많은 학생이 있었다. 엘리베이터를 타지 못하고 혼자서 계단을 걸어 올라왔고, 지하 주차장이나 지하에 위치한 장소에는 가지 못했다. 그곳에 가면 심장 박동수와 호흡이 빨라지고 머릿속이 깜깜해지면서 주위가 빙빙 돌고 마치 죽을 것만 같다고 하였다. 수업 중에 자신의 두려움에 대해 이야기할 기회가 있었는데, 성수대교 붕괴사고 때 그 현장에 있었다고 하면서 갑자기 울음을 터트렸다. 지금도 자기는 아직 그곳에서 벗어나지 못한 것 같다고 말하며······.

트라우마는 사건의 종류나 내용보다는 그 사건을 해석하는 방식이 중요하다. 가령, 3명의 친구에게 휴대전화를 빼앗기고 놀림을 받은 사건이 일어났다고 가정하자. 이때 한 아이는 이 사건을 재수 없고 기분 나쁜 사건으로 해석한다. 그러면 다음에는 좀 더 조심하려고 할 것이다. 하지만 또 다른 아이는 이 사건을 매우 특별하고 위험한 사건으로 해석한다. 그러면 이 아이는 모든 아이가 자신을 놀리고 자신의 물건을 빼앗아 가는 대상으로 보이면서 밖에 나가는 것이 두려워질 것이다.

트라우마는 사건에 대한 주변 사람들의 반응에 의해서도 영향을 받는다. 가령, 휴대전화를 빼앗긴 사건에 대해 아이의 어머니가 "그래 정말 안타까운 일이구나"라고 반응하며 아이의 속상했던 마음을 알아 주면 아이는 그 사건을 안타까운 일로 인식한다. 하지만 어머니가 "다음부터는 위험하니 꼭 엄마와 같이 다녀라", "정말 무서운 세상이다. 다음부터는 낯선 사람들을 주의해라"라고 과도하게 걱정하거나 불안해하면 아이는 그 사건을 매우 위험한 사건으로 인식하게 된다. 선우가 바지에 실수한 일은 유치원 아이들

누구에게나 일어날 수 있는 일이다. 하지만 친구들과 선생님에게 놀림과 야단을 받으면서 선우는 심리적 상처를 받았고 다시 실수를 할까 봐 집 밖에 나가는 것이 두려웠던 것이다. 또 집 밖으로 나가야만 하는 상황이 되면 배가 아팠던 것이다.

트라우마로 형성된 두려움은 쉽게 사라지지 않는다. 예전에 〈하얀전쟁〉이라는 영화가 있었다. 그 영화의 주인공이 월남전에서 경험한 일로 두려움과 불안에 싸여 살다가 결국 자신의 귀를 자르는 등 정신질환에 시달린다는 내용이다. 이처럼 트라우마는 사건이 사라진 후에도 그 사람의 삶을 지배한다. 선우의 두려움도 쉽게 사라지지 않을 것이다. 트라우마는 두려움 자체가 문제이기도 하지만 두려움으로 인해 아이의 삶이 고립되고 위축되는 이차적 문제가 더욱더 심각하다.

대부분 트라우마를 경험한 사람은 회피 생활을 하는 경향이 높다. 친구들에게 집단으로 구타를 받은 학생은 학교 가기가 두려워 피하고, 성폭행을 받은 사람은 사람이 많은 곳은 피하게 된다. 또 믿었던 친구가 자신을 험담하는 것을 들었던 아이는 친구로부터의 배신이 두려워 더 이상 친구를 사귀지 않기도 한다. 회피는 두려움의 대상으로부터 피할 수 있는 가장 손쉬운 방법이다. 하지만 이것은 상처를 주는 대상이나 상황으로부터 피할 수 있지만 두려움을 극복하고 이겨 낼 수 있는 기회를 박탈한다. 선우도 집에 있거나, 기저귀를 차고 어머니와 항상 같이 다니면 실수에 대한 두려움을 느끼지 않아도 된다. 하지만 유치원에 가지 않고 다른 사람에게 계속 의존하면 다양한 경험도 못하게 된다.

두려움에서 벗어나는 가장 좋은 방법은 직면이다. 선우의 두려움을 없애려면 집 밖에 나가서 실수하지 않는 경험들을 많이 해야 한다. 그렇다면 다양한 경험을 할 수 있는 좋은 방법은 무엇일까? 처음에는 밖에 나갈 때 30분 정도 기저귀를 차지 않고 다니도록 한다. 만약 선우가 30분 정도 잘 견딜 수 있다면, 그다음은 1시간으로 시간을 늘린다. 선우가 견딜 수 있는 단계를 정하여 계속 시도한다. 성공 경험만이 두려움에서 벗어날 수 있도록 도와준다. 이런 과정을 통해 선우는 밖에서도 실수하지 않을 수 있다는 생각과 배가 아프고 화장실을 자주 가기는 하지만 스스로 견딜 수 있다는 자신감을 가질 수 있을 것이다.

선우의 행동을 또 다른 관점에서 볼 수도 있다. 선우는 쉬는 시간에만 화장실에 가야 한다는 규칙을 너무 잘 지키려다 실수를 하였다. 화장실이 너무 급하면, 즉 긴급하고 위급한 상황에서는 규칙이 바뀔 수도 있다는 것을 알지 못했다. 지적 장애를 가진 아이들은 상황에 대한 융통성이 다소 부족하여 한번 습득한 사회 기술이나 규칙들을 상황에 따라 응용하지 못한다. 상황에 따라 규칙이나 사회 기술이 바뀔 수도 있다는 것과 그 순간에 더 중요한 것의 위계를 정하고 선택하는 연습이 필요하다. 선우도 수업 시간에 화장실에 가면 안 된다는 규칙과 바지에 실수를 하는 것 중에서 자신에게 중요한 것을 선택하는 연습이 필요하다.

선택에는 반드시 결과가 따라온다. 가령, 수업 시간에 화장실에 가면 안 된다는 것을 선택하면 바지에 실수를 하는 결과가 따라올 것이고, 선생님의 말을 어기고 화장실에 가면 바지에 실수를 하지 않지만 선생님의 야단을 듣는 결과가 따라올 것이다. 이중에서 가장 중요한 것을 선택하는 연습이 필요하다.

　필자도 초등학교 1학년 때 선우와 똑같은 실수를 한 적이 있었다. 쉬는 시간 이외에는 화장실에 갈 수 없다는 선생님 말씀 때문에 수업 중에 교실 뒤로 가서 바지를 내리고 소변을 보았던 것이다. 물론 교실은 아수라장이 되었다. 당황해하는 선생님과 친구들. 필자는 그때 수업 중에 화장실에 갈 수 없다는 규칙과 바지에 오줌을 싸면 안 된다는 규칙을 모두 지키기 위해 교실 뒤에서 소변을 보기를 선택했던 것이다. 물론 교실에서 소변을 보면 친구들의 놀림을 받을 수도 있다는 결과를 예측하지 못한 채…….

지루함과 좌절의 한계

한 어머니가 어두운 얼굴로 아이의 행동 때문에 상담을 요청하였다. 종수는 열여섯 살로 지적 장애 2급이다. 타인의 간단한 지시를 따를 수 있지만 아직 말을 하지 못해 자신의 생각을 표현하지는 못한다. 그런데 1년 전부터 성기를 바닥이나 물건에 비비기 시작했는데, 지금은 장소를 가리지 않고 다른 사람이 있는 곳에서도 성기를 비빈다. 한번은 친척들이 모두 모인 곳에서 성기를 비벼서 친척들이 난감해하며 종수의 어머니에게 아이를 사람 구실도 못하게 키운다고 비난을 하였다. 또 말귀도 못 알아듣고 해서는 안 되는 것과 되는 것도 구별 못하니 성욕구를 감소시키는 치료를 받는 것이 좋겠다며 종수의 어머니에게 병원에 갈 것을 강요하였다. 그 이야기를 듣고 며칠 동안 잠도 못자고 고민을 하다가 상담을 왔다.

사춘기에 접어든 특별한 아이가 상담을 오는 대부분의 이유는 공격성과 성(性) 문제인 경우가 많다. 신체적으로 성장하면서 아이의 몸은 변해 간다. 하지만 인지 발달은 신체 발달에 비해 늦어서 자신의 신체 변화에 적절하게 대처하지 못한다. 호르몬의 변화는 신체 외형의 성장에만 영향을 주는 것이 아니라 몸의 상태를 변화시켜 생리적 불균형을 만든다.

우리 몸은 생리적 불균형 상태가 되면 불쾌함을 느껴서 이를 다시 평형 상태로 만들려고 한다. 이때 생리적 불균형으로 인한 불쾌함을 어떻게 해석하고 이해하는지에 따라 대처 행동도 달라진다. 예를 들어, 아침밥을 적게 먹어 배고픈 것은 생리적 불균형 상태를 유발한다. 그리고 왠지 기운이 떨어지고 짜증이 난다. 하지만 이런 불쾌함을 배가 고파서라고 해석하면 밥을 먹고 다시 기분이 좋아진다. 하지만 불쾌함을 해석할 수 없으면 불쾌함을 해결할 수 있는 대처 행동도 할 수 없다. 즉, 이유도 모르는 짜증과 긴장, 불안감이 계속 드는 것이다.

이처럼 불쾌함을 해석하고 적절하게 대처하기 위해서는 상황과 사건을 현재 자신의 상태와 연결할 수 있는 연합 능력과 그것을 기억할 수 있는 기억력이 필요하다. 지적 장애를 가진 아이들의 경우 지적 능력에 따라 차이가 있지만 자신의 신체 변화나 불쾌함을 잘 해석하지 못하는 경우가 있다. 그래서 배가 고파서 불쾌한 것인 줄도 모르고 이유도 없이 짜증이나 화를 내기도 한다. 막연하게 불편함이나 긴장감을 느끼는 것이다. 그래서 이유 없이 짜증내는 아이에게 먹을 것을 주거나 잠을 재우면 짜증이 줄기도 한다.

자신의 몸에 대한 인지적 해석과 함께 그 행동이 다른 사람들에게 어떤 영향을 주는지에 대한 판단 능력은 적절한 대처 행동을 결정하게 한다. 종수도 성기를 비비면 기분이 좋아지는 것을 느낄 수 있지만 그 행동이 다른 사람에게 불쾌감을 줄 수 있다는 생각을 하지 못한다. 그래서 다른 사람이 있는 곳이나 장소에 관계 없이 사신이 하고 싶을 때 성기를 비비는 것이다.

그렇다면 지적 장애를 가진 아이는 자신의 감정을 상황에 따라 조절할 수 없는 것인가? 물론 가능하다. 앞서 설명했듯이 지적 장애는 지적 수준에 따라 1급, 2급, 3급으로 나뉜다. '지적 장애 3급'은 '경미한 지적 장애'라는 명칭처럼 일상적인 생활과 교육이 가능한 수준이다. 타인의 마음을 읽을 수 있으며, 자신의 감정이나 욕구를 상황에 따라 조절할 수 있다. 이들에게는 성기를 비비는 행동이 타인에게 불쾌감을 유발한다는 것과 그 행동을 하지 말아야 하는 상황을 구체적으로 알려 주면 자신의 행동을 조절할 수 있다. 그래서 다른 사람이 없고 혼자 있는 장소에서만 해야 하며, 하기 전에 항상 청결에 유의해야 한다는 것을 알려 주면 그대로 실천한다.

'지적 장애 2급'은 '중간 정도의 지적 장애'라고 하는데, 이들도 성기 비비기에 대한 훈련이 가능하다. 이들은 계속적이고 반복적인 교육을 통해, 그리고 경험을 통해 가르칠 수 있다. 가령, 아이가 성기를 비비고 있으면 아이를 혼자만의 장소로 데리고 간다. 이처럼 몸으로 체험할 수 있는 훈련을 통해 일정한 장소에서만 성기를 비빌 수 있다는 것을 학습시킬 수 있다.

지적 장애를 동반한 자폐 성향을 가진 아이가 놀이치료실에서 성기를 만진 적이 있었다. 그때 치료실의 한쪽에 준비되어 있는 텐트로 아이를 데리고 가서 그곳에서 성기를 만지도록 훈련을 반복하였다. 물론 가정에서도 아이가 성기를 만지거나 비비면 아이를 방으로 들여보내 방에 설치된 텐트에 들어가도록 반복적으로 훈련을 시켰다. 그러자 장소에 관계없이 성기를 만지던 행동이 사라졌다. 이처럼 심한 지적 장애나 발달장애를 가진 아이도 훈련에 의해 사회적으로 바람직한 행동을 학습할 수 있다.

특별한 아이의 부모 중에는 심한 지적 장애를 가진 아이는 말을 이해하지 못해 교육이나 훈련이 안 된다고 생각하는 분들도 계신다. 그래서 성적 욕구와 관련된 행동을 처음부터 차단하는 것이 좋다고 생각해 여자아이는 생리와 임신을 미리 막기 위해 난소적출 수술을 받는 경우도 있다. 또 남자아이는 자위와 성 충동에 의한 문제를 사전에 방지하고자 정관 수술을 하는 경우도 종종 있다. 사춘기의 특별한 아이를 가진 부모의 고민이 이해가 된다. 아이가 문제 행동을 하기 전에 욕구나 동기 자체를 차단하고 싶은 마음도 이해가 된다. 또한 지적 장애를 가진 아이가 더디게 발전하고 학습하는 것 때문에 안 된다고 포기하고 싶은 마음도 이해가 된다. 하지만 지적 장애를 가진 아이도 정도와 개인차에 따라 학습의 속도는 다르지만 학습이 가능하다.

필자가 미국의 한 특수학교를 방문한 적이 있었다. 중증장애를 가진 아이들을 위한 학교로 대부분의 학생이 지적 장애 1급에 해당

되었다. 이들 중에서 앉아서 수업을 받을 수 있는 아이는 15명 중 단 2명에 불과하였고, 나머지는 스스로 척추를 바로 세울 수 없어서 누워서 수업을 받고 있었다. 우리나라에서는 거동이 되지 않을 정도의 중증장애의 경우는 재택 교육을 하는 경우가 많으며, 교육의 내용도 주로 물리치료나 재활치료에 한정되어 있다. 그런데 그곳의 선생님들은 그들에게 인지 및 사회성 교육을 하였다. 또 집단생활에서 필요한 타인의 마음을 읽는 것과 자신과 타인을 구별하는 방법을 가르치고 있었다.

필자는 학생들이 과연 교육 내용을 학습할 수 있는지 의문이 들었다. 그런데 그 학교의 선생님들은 생각이 달랐다. 그들은 아이들이 더디지만 자신과 타인을 구별할 수 있으며 타인의 감정을 읽을 수 있다고 하였다. 그 이유는 아이들이 말을 하지 못하지만 자기 사진을 보여 주면 동공이 커지고 다른 친구가 울면 얼굴을 찡그린다는 것이다.

그 이야기를 듣고 필자는 '아차!' 했다. 어느 순간 중증인 아이는 교육이 안 된다는 생각을 자신도 모르게 가지고 있었던 것이다. 속도와 정도가 다를 뿐, 중증장애를 가진 아이도 교육이 가능하다. 중증장애의 교육의 한계는 이들의 지적 수준이 아니라 지루함과 좌절을 견디지 못하는 선생님과 부모들의 인내력의 한계다.

"내 배 속에 하느님이 있다"

성민(6세)이는 태어날 때부터 프레다-윌리 증후군을 가지고 태어났다. 프레다-윌리 증후군은 염색체 이상으로 지적 장애를 동반한다. 그래서 또래 친구들에 비해 걷는 것, 말하는 것, 세상을 알아가는 과정이 다소 늦다. 하지만 성민이는 가족과 주변 사람들의 많은 사랑을 받고 자랐다. 성민이는 주변 사람들과 어울리는 것을 좋아해 아파트 경비 아저씨, 슈퍼마켓 아줌마, 옆집 아저씨에게 먼저 인사를 하고 정답게 말을 건넨다. 유치원에서도 친구들이나 선생님과도 사이가 좋다.

이런 성민이에게 한 가지 어려움이 생겼다. 바로 남의 가방이나 물건을 뒤지는 것이다. 처음에 성민이는 유치원에서 친구들의 가방을 뒤지기 시작했다. 무언가를 찾는 듯 가방을 뒤지고 그냥 그 자리를 떠났다. 이런 행동이 하루에 여러 번 일어났다. 유치원 선생님은 성민이에게 남의 가방을 뒤지는 것은 나쁜 행동이라고 주의를 주었다. 그런데 1주일 뒤에 다시 성민이는 친구의 가방을 뒤졌고, 이번에는 교무실에서 선생님의 가방을 비롯해 서랍장이나 냉장고도 뒤졌다. 성민이 선생님은 다른 사람의 물건에 손대면 안 된다는 것을 알려주기 위해 강하게 혼을 내셨다. 하지만 여전히 성민이는 남의 물건을 뒤졌고 그 행동이 심해져서 낯선 사람의 가방이나 물건도 뒤지기 시작했다.

성민이 어머니는 성민이의 행동이 걱정스러워 성민이에게 가방에서 무얼 찾고 있는지 물었다. 그러자 성민이는 "사탕"이라고 대답하였다. 순간 성민이 어머니는 문득 떠오르는 생각이 있었다. 어느 날 공원에서 한 아주머니가 가방에서 사탕을 꺼내 성민이에게 주었던 것이다. 성민이는 다른 사람의 가방에 사탕이 들어있다는 생각을 하고 그 사탕을 찾고 있었던 것이다. 그리고 몇 달 전부터 성민이의 식욕이 유달리 왕성해졌다. 금방 밥을 먹었어도 과자나 아이스크림을 달라고 조르고, 배가 터질듯이 먹고도 계속 먹어서 토하기도 하였다. 집에서나 놀이터, 공원에서도 먹을 것을 찾아다녔다. 성민이는 두 달만에 5kg이 늘었다.

성민이의 건강이 걱정된 어머니는 야단도 치고, 먹을 것을 충분히 먹으면 그만 달라고 할 것이라 생각해 성민이가 먹고 싶다는 것을 모두 주기도 하였다. 하지만 성민이는 지치지 않고 먹을 것을 요구하였다. 한번은 그런 성민이가 너무 기가 막혀 어머니가 "성민이 배에는 뭐가 들어 있니?"라고 말하자, 성민이는 "내 배 속에 하느님이 있다"라고 말해 온 가족이 한바탕 웃었다.

프레더-윌리 증후군(Prader-Willi syndrome)은 다른 증후군과 다른 독특한 특징이 있다. 그것은 바로 지칠 줄 모르는 식욕이다. 뇌의 섭식을 담당하는 영역이 제대로 기능하지 못해 먹는 것을 자제할 수 없다. 이 증후군을 가진 아이의 부모는 식욕과의 전쟁이라고 할 만큼 이들의 식욕을 억제하기 위해 끊임없이 노력한다. 지칠 줄 모르는 식욕을 가진 성민이도 아주머니가 가방에서 사탕을 꺼내 준 것을 본 후에 사탕을 찾기 위해 남의 가방을 뒤지기 시작했던 것이다.

남의 가방을 뒤지는 성민이 행동의 일차적인 원인은 프레더-윌리 증후군이라고 할 수 있다. 그렇지만 다른 사람의 가방을 뒤지지 말아야 한다는 사회적 규범을 잘 습득하지 못한 이유도 있다. 성민이가 남의 가방을 뒤지지 않기 위해서는 식욕을 억제하는 다양한 치료도 필요하지만 우선 남의 가방을 뒤지지 않도록 지도하는 것이 필요하다.

그 방법으로 하루 동안 남의 가방을 뒤지지 않으면 성민이가 좋아하는 것을 강화제로 제시하고, 다른 사람의 가방을 뒤지면 강화제를 주지 않는 강화 기법을 사용할 수 있다. 식욕은 참을 수 없지만 음식을 얻기 위해 남의 가방을 뒤지지 않게 할 수는 있다. 물론 처음부터 잘 되지 않을 수 있다. 사탕을 먹고 싶은 마음과 다른 사람의 가방을 뒤지고 싶은 충동이 들 수 있다. 이때는 'STOP 기법'과 병행해 사용하는 것이 좋다. 'STOP 기법'은 생각이나 충동이 떠오르면 머릿속으로 자신의 행동을 멈추게 하는 내면 언어를 교육하는 방법이다. 머릿속으로 "안 돼, 다른 사람의 가방을 뒤지는 것은 안 돼"라고 외쳐서 자신의 행동을 통제할 수 있도록 한다.

인간은 유전적으로 타고난 특성이 있다. 이 특성은 우리의 행동에 영향을 준다. 하지만 이 특성도 교육과 경험에 의해 조금씩 변화될 수 있다. 특별한 아이도 저마다 장애 특성을 가지고 있다. 그 특성은 아이의 현재 행동에 영향을 준다. 하지만 지금 아이가 부적응 행동을 하고 있더라도 그 행동은 교육과 긍정적 경험에 의해 변화될 수 있다. 성민이도 처음에는 다소 어려울 수 있지만 반복되는 교육과 성취 경험으로 남의 가방을 뒤지는 행동을 스스로 조절할 수 있다.

프레더-윌리 증후군
(Prader - Willi Syndrom)

  프레더-윌리 증후군은 15번 염색체에 유전자 이상이 발생하고, 이로 인해 시상하부 기능에 장애가 발생하는 장애다. 연령과 개인에 따라 증상에 차이는 있지만 일반적으로 저신장, 근육 저긴장, 수유 곤란, 발달장애, 지적 장애, 성장 호르몬 결핍, 과도하고 억제되지 않는 식욕, 비만, 당뇨병 등이 나타나는 유전 질환이다.

  이들의 외형은 대퇴부·복부·둔부의 비만인 경우가 많고 연령이나 체중에 비해 키가 작은 것이 특징이다. 또한 얼굴 모습은 좁은 이마와 아몬드 모양의 눈, 아래로 처진 입술, 얇은 윗입술, 작은 턱에 손·발도 작은 편이다. 또 남자아이는 음경이나 고환이 작고, 여자아이는 소음순과 음핵이 작은 것이 특징이다. 또한 1세까지 발달이 늦어 목 가누기, 기어 다니기 등이 다른 아이들에 비해 늦으며, 언어도 늦다. 2~3세경에는 식욕이 갑자기 증가하면서 먹는 양이 증가하고, 음식에 대한 욕구가 매우 강해진다. 대부분 지적 장애를 동반하며 지능이 정상에 가깝더라도 학습장애를 보인다. 또한 지적 장애뿐 아니라 소아기에 체중이 급격하게 증가하면서 비만에 따른 다양한 증상(수면 무호흡 또는 호흡 곤란,

수면장애, 당뇨병, 고혈압 등)이 발생한다. 또한 성장 호르몬 결핍으로 성장장애가 발생하고 성 호르몬 분비가 원활하지 않아 사춘기가 잘 오지 않는다.

이 증후군의 대표적인 치료 방법으로는 비만 치료, 성장 호르몬 치료, 식욕 억제 등 병원 치료가 주를 이루고 올바른 식사 습관과 규칙적인 운동을 어릴 때부터 지도하는 식사 조절과 운동 요법이 병행된다.

-네이버 백과사전에서 일부 발췌-

수용하기

수진(6세, 경미한 지적 장애)이는 네 살 때 소아정신과에서 발달이 늦다는 이야기를 듣고 그 후로 언어치료 및 특수교육을 받고 있다. 수진이 어머니는 처음에 발달이 늦다는 말에 가슴이 무너져 내렸지만 그래도 교육을 열심히 하면 수진이가 좋아질 것이라는 기대로 지방에서 서울까지 왕복 4시간의 거리를 하루도 거르지 않고 열심히 교육을 다녔다. 게다가 초등학교 교사인 어머니는 휴직을 하고 수진이를 위해 정말 자신의 모든 삶을 받쳤다. 그런데 1년이 넘어도 수진이는 좋아질 기미가 보이지 않았다.

어느 날부터 수진이 어머니는 자신과 아이에게 화와 짜증이 나기 시작했다. 자신의 노력이 모두 헛수고처럼 느껴졌고 아이가 자신의 노력을 몰라 주는 것 같았다. 어느 날 공부를 도와주다가 수진이가 잘 모르자 "너는 엄마가 몇 번이나 이걸 알려 줬는데 모르니. 엄마가 너 때문에 얼마나 고생하고 애쓰는데……"라고 말하며 아이를 혼내다가 기어이 어머니도 같이 울음을 터뜨렸다.

수진이 어머니처럼 특별한 아이를 낳으면 아이를 위해 어머니들은 많은 노력과 희생을 한다. 물론 어머니의 희생은 특별한 아이에게만 국한된 것은 아니다. 많은 어머니가 자식을 위하여 자신의 모든 에너지를 바친다. 그래서 유명하다고 소문난 교육실이나 치료실을 찾아다닌다. 하지만 이런 희생이 보답이나 대가로 돌아오지 않으면 어머니는 화가 나고 속상해지기도 한다. 즉, 어머니가 노력한 것에 비해 아이가 좋아지지 않고, 게다가 아이나 주변 사람들이 어머니의 노력을 알아 주지 않는 것 같으면 속상하고 그 노력이 물거품처럼 느껴진다. 심할 때는 배신감을 느끼기도 한다.

'특별하다'는 말 안에는 어머니의 노력만큼 그 결과가 나오지 않을 수도 있다는 뜻이 내포되어 있다. 단추 끼우기, 옷 입기, 양말 신기와 같은 단순한 자조 기술을 1년 이상 반복해서 가르쳐야 하기도 하고, 자기 이름을 2~3년씩 가르쳐야 쓸 수 있기도 하고, 또 엄마라는 말을 가르치기 위해 몇 년이 걸릴 수도 있다. 하지만 때로는 기계 부품을 쉽게 조립하고, 레고로 다른 아이들이 만들 수 없는 것을 만들고, 한 번 본 어려운 이름을 기억하여 쓰기도 하고, 무심코 들은 음악을 기억하여 부를 수 있는 것처럼 할 수 없을 것이라고 생각한 것들을 아주 쉽게 하기도 한다. 이처럼 아이가 가진 능력은 각양각색이다. 이를 받아들이고 수용하기는 쉽지 않다. '자동차 이름과 부품을 한 번에 외우는데 아직도 엄마라는 말을 하지 못한다', '레고로 여러 가지를 정교하게 만들 수 있는데 아직 양말을 스스로 신을 수 없다' 등과 같이 도통 이해하기 어려운 경우가 많다.

아이의 능력과 재능은 개인차가 있다. 그래서 같은 교육이나 치료를 해도 효과는 각양각색이다. 때로는 한 아이에게 효과적인 치료가 다른 아이에게는 독이 되기도 한다. 아이의 능력과 한계를 받아들이고 수용하지 않으면 아이가 행복하게 살기를 바라는 부모의 마음이 아이에게는 심리적 부담으로 다가오기도 한다.

준석이 어머니는 준석이가 고등학교에 입학한 후 고민이 많다. 준석이는 지능이 56으로 지적 장애 3급에 해당되지만 지금까지 장애 진단을 받지 않았다. 준석이 어머니는 아들을 장애인으로 키울 수 없다는 마음으로 준석이를 지금까지 일반학교에 보냈다. 그리고 다른 아이들이 준석이를 장애인으로 생각할까 봐 방과 후에 수학, 영어, 바이올린, 수영, 그림, 줄넘기 등 많은 개인 과외를 시켰다. 그런데 초등학교까지는 반에서 꼴찌를 하지 않았는데, 중학교에서 시험을 보면 한 개나 두 개씩 맞는 과목이 늘어나고 전교에서 꼴찌를 하기도 하였다. 그럴 때면 준석이 어머니는 과외 선생님을 바꾸거나 새로운 과외를 시작하였다. 고등학교 입학원서를 쓸 때 준석이 담임 선생님은 장애 학생 통합반이 있는 학교로 진학하거나 원예과나 제빵제과와 같은 직업전문학교를 권하였다. 하지만 준석이 어머니는 준석이를 대학에 보내겠다는 일념으로 일반 고등학교를 선택하였다. 그런데 준석이는 입학 첫 날부터 학교에서 문제를 일으켰다. 수업 시간에 바지 안에 손을 넣고 성기를 만지다가 선생님에게 적발되었다. 그리고 그 후로 학교에 가기 싫다며 아침부터 PC방에 가서 시간을 보내기도 하였다.

준석이 어머니의 마음이 이해가 된다. 하지만 준석이가 가진 능력과 한계를 넘어선 큰 기대는 아이를 불행하게 만든다. 발에 맞지 않는 신발을 신고 뛰라고 하면 아이가 넘어지는 것처럼 아이의 능력에 맞지 않는 기대는 아이를 힘들게 한다. 부모의 기대는 아이의 성장을 촉진시키지만 아이를 넘어뜨리기도 한다. 아이의 성장을 위해서는 아이의 능력과 한계를 받아들이고 수용하는 마음이 우선되어야 한다.

'수용'이란 상담에서 많이 사용되는 용어다. 수용은 상대방의 입장을 100% 이해하고 아무런 비판과 판단 없이 그대로 받아들이는 것이다. 설사 지금 아이가 부적응 행동을 하더라도 그 행동을 할 수 밖에 없는 입장을 이해해 주고, 아이가 가진 자원이나 능력이 없어도 그 작은 자원과 능력을 기꺼이 받아들이는 것이다.

특별한 아이를 수용한다는 것은 아이 자체를 인정하고 받아들이며 그 안에서 아이가 좀 더 성장할 수 있는 기회를 제공하는 것이다.

애착 문제를 가진 특별한 아이들

애착장애는 어린 시절 주 양육자와의 정서적 유대관계를 형성하지 못해 전반적 발달에 어려움이 생기는 장애다. 「장애인복지법」에서 지정한 장애에 속하지는 않지만 상담과 심리치료 현장에서는 애착장애 또는 반응성 애착장애(Reactive Attachment Disorder)라는 말을 많이 사용한다.

아이는 아무것도 가지지 않고 그야말로 맨몸으로 세상에 태어난다. 스스로 배고픔을 해결할 수도, 자신을 위협하는 두려운 존재로부터 자신을 지킬 수도 없다. 아이는 세상을 살아가기 위해서 누군가에게 의존해야 한다. 그것이 바로 어머니(또는 주 양육자)다. 어머니는 아이에게 생존에 필요한 먹을 것뿐 아니라 위험으로부터 안전하게 지켜 준다.

그런데 안전한 어머니가 없으면 아이는 세상의 위험으로부터 자신을 스스로 보호해야 한다. 이처럼 자신을 스스로 보호하기 위해 가동되는 것이 바로 '자기보호체계'다. 자기보호체계는 누구나 자신을 보호하기 위해 가지고 있는 것이지만 과잉 활성화되면 성장과 발달을 저해한다. 자기보호체계는 두 가지 방식으로 나타난다. 하나는 위험하다고 생각되는 자극을 피하는 것이고, 다른 하나는 자신을 돌봐줄 사람에게 과도하게 의존하는 것이다.

전자는 의존할 대상이 없거나 그 대상을 신뢰할 수 없는 경우 아이는 위험한 대상이나 상황을 회피한다. 이런 아이에게 회피한 것은 존재하지 않는 것이며, 존재하지 않으면 두려워할 대상도 없는 것이 되기 때문이다. 어른의 경우에도 사랑하는 사람에게 배신을 당하면 다시는 남자(또는 여자)를 만나지 않거나 혼자 은둔 생활을 하기도 하는데, 이것도 배신당하지 않기 위한 자기보호체계의 한 방식이다.

이처럼 자기보호체계는 자극을 피하는 방식도 있지만 특정 대상에게 과도하게 의존하는 방식도 있다. 낯선 곳에 가거나 낯선 사람을 만나면 의존 대상에게 떨어지지 않으려고 하고, 의존 대상이 없으면 불안해서 아무것도 하지 않으려고 한다. 그래서 의존 대상을 옆에 두기 위해 자신을 보호받아야 하는 약한 존재로 인식시키기 위한 행동을 한다. 이런 자기보호체계가 과잉 활성화되어 나타나는 것이 애착장애다.

자기보호체계는 자신을 안전하게 지켜줄 수 있다는 큰 장점이 있다. 그러나 새롭고 다양한 것을 경험할 수 없다는 단점도 있다. 특히 한참 성장기에 있는 아이의 발달을 저해한다.

애착은 자기, 타인, 세상에 대한 기본 틀을 형성한다. 생후 36개월

까지 주 양육자와 아이의 상호 작용에 따라 아이는 자신과 타인, 그리고 세상을 알아 간다. 주 양육자와 즐겁고 신뢰할 만한 상호 작용을 하면 아이는 자신이 사랑스럽고 가치 있는 사람이라고 생각하게 되고, 타인은 자신의 욕구를 알아 주는 사람이라고 생각하게 된다. 따라서 세상도 즐겁고 신나는 곳이 된다. 하지만 주 양육자가 우울하거나 감정 기복이 심해 아이가 원하는 상호 작용을 하지 못하면 아이는 자신이 쓸모 없고 가치 없는 사람이라는 생각과 타인은 자신이 원하는 것을 무시하거나 맞춰 주지 못하는 존재라고 생각하게 된다. 그리고 이런 아이에게 세상은 살아가기에 힘든 곳이 된다.

이런 생각들은 아이의 마음속 깊이 자리하고 있다가 아이가 다른 사람을 만나거나 새로운 세상을 만날 때 자신도 모르게 아이의 행동에 영향을 준다. 예를 들어, 주 양육자에게 처벌을 받으며 자란 아이는 자신은 항상 잘못하는 사람이라는 생각을 하며, 타인은 자신을 사랑해 주는 사람이 아니라 처벌하는 사람이라는 생각을 자동적으로 하게 된다. 그래서 다른 사람을 만나는 것이 두렵고 세상은 두려운 타인들로 가득 찬 곳이 된다.

외국에서 박사 학위를 받고 자신의 분야에서 능력을 발휘하고 있는 분을 만난 적이 있다. 이분은 새로운 일을 시작할 때면 극심한 스트레스에 시달렸다. 다른 사람들은 충분히 그 일을 잘 해 낼 것이라고 말하지만, 정작 이분은 실수나 실패를 할까 봐 두려워하였다. 이분의 마음에는 다른 사람들은 항상 자신을 평가하고 비난한다는 생각이 있었다. 그래서 다른 사람의 비난을 받지 않기 위해선 실수하지 않고 잘 해야만 한다는 생각에 새로운 일을 시작할 때가 되면 잠을 이루지 못할 정도로 스트레스를 받는다고 한다. 이분의 어린 시절 기억 중에는 회초리를 들고 아버지에게 자신이 잘못했으니 때려 달라고 했던 기억이 있다고 한다. 이분에게 아버지는 항상 자신을 평가하며 잘못을 처벌하는 존재로 기억되고 있는 것이다.

  다음 그림은 이분이 자신에 대한 과거, 현재, 미래를 표현한 것이다. 첫 번째 그림은 과거에 아버지의 등 뒤를 소리 없이 따라가면서 아버지가 손을 잡아 주길 바라던 마음을 표현한 것이다. 또 현재는 세상에 대한 두려움이 있지만 미래에는 두려운 세상에서 편안함을 느끼고 싶은 마음이 잘 표현되어 있다.

- **과거:** "나는 계단이 참 높다고 생각했다. 그래서 아버지와 손을 잡고 가고 싶었지만 무서워 이야기를 하지 못했다.
- **현재:** "나는 작다고 생각한다. 그리고 나는 오뚝이라고 생각한다. 무엇이 중요한지도 모르고 헤매는……, 그래도 쓰러져도 다시 일어나는…… 나는 죽지 않아."
- **미래:** "나는 세상은 살 만한 곳이라고 생각할 것이다. 내가 생각한 것만큼 위험하지 않은 편안한 미소로 세상을 살면서……."

애착은 특별한 아이가 타인을 신뢰하고 긍정적인 성격을 가지고 세상을 살아가는 데 큰 자산이 된다. 주 양육자와 즐거운 경험을 한 특별한 아이에게 세상은 즐겁고 신나는 곳이며, 타인은 자신이 원하는 것을 알고 자신을 수용해 주는 대상이다.

엄마의 껌 딱지

성진(만 10세)이는 언제나 엄마 옆에서 떨어질 줄 모른다. 연신 엄마에게 달라붙어 "사랑해", "최고야"라고 말하며 엄마의 이마나 볼에 뽀뽀한다. 이런 성진이를 본 사람들은 성진이를 '엄마의 껌 딱지'라고 부른다. 이 행동은 새롭고 낯선 상황에서는 더욱 심해져 학기 초에는 어머니가 학교도 같이 가서 성진이 옆에 앉아 있어야 했다. 어쩌다 어머니가 화장실이라도 가면 마구 울면서 어머니를 찾아다녔다. 결국 엄마에게 붙어 있는 행동이 너무 심해져 다니던 학교까지 중단하게 되었다.

성진이는 아버지의 직업상 두 살에서 다섯 살까지 외국에서 생활하였다. 외국에 나갈 당시는 언어가 조금 늦었으나 별다른 이상 행동을 보이지 않았다. 외국에서는 어머니가 아파서 주로 외국인 보모와 시간을 보냈다. 그리고 어머니와 떨어지는 상황에서도 장난감 자동차나 블록을 주면 몇 시간 씩 장난감을 가지고 놀았다. 별 이상 없이 3년을 외국에서 생활하고 여섯 살이 되어 한국으로 돌아왔다. 그런데 이때부터 성진이는 엄마와 떨어지는 상황을 과도하게 두려워하였다. 특히 살았던 외국을 연상시키는 그림이나 외국 사람을 보면 귀를 막고 엄마에게 안겨 심하게 울었다. 그리고 망치 소리, 드릴 소리, 청소기 소리, 아기 목소리 등이 들리면 귀를 막고 눈을 감으며 "아니야, 아니야"라고 외치고 주위에 있는 사람에게 붙어서 떨어지지 않았다. 한번은 가족끼리 나들이를 하던 중에 멀리서 아기 소리가 들리자 성진이는 소리를 지르며 차도로 뛰어들어 차에 치일 뻔한 적도 있었다.

성진이의 행동은 안정의 욕구에 의한 것이다. 2~3세는 애착 형성이 안정화되는 시기로, 타인과의 정서적 유대감을 통해 신뢰감을 형성하는 단계다. 또한 신뢰감을 바탕으로 새롭고 신기한 것들을 탐색하고 배워 가는 단계다. 그런데 성진이는 가족과 함께 낯선 곳으로 가게 되었는데 그곳은 성진이에게 매우 불안한 환경이었다. 새로운 공간, 새로운 사람, 새로운 언어, 게다가 그곳에서 어머니가 아닌 보모와 새로운 정서적 관계를 맺어야 했다. 아마 그 시간은 성진이에게 참 힘든 시간이었을 것이다. 이런 심리적 어려움에 처하면 아이는 본능적으로 자신을 보호하기 위해 보호 대상에게 과도하게 의존하거나 새로운 환경이나 상황을 모른 척 피하게 된다. 성진이는 외국에 있는 시기에는 자동차나 블록에 집중해 자신의 두려움을 피했고, 한국에 돌아와서는 어머니에게 과도하게 의존했던 것이다.

성진이는 세 살까지 또래와 비슷한 발달을 보였지만 새로운 것에 대한 두려움 때문에 자신을 세상과 단절시켜서 새로운 것을 탐색하고 배울 기회가 없었다. 이런 회피의 시간들이 지속되면서 성진이는 전반적으로 인지 및 언어, 사회성 발달 등이 또래에 비해 현저히 떨어지게 된 것이다. 그리고 여섯 살에 한국으로 돌아와서는 다시 새로운 환경과 만나야 했다. 성진이에게 한국은 또 다른 낯선 환경이었다. 이번에 성진이는 두려움으로부터 자신을 보호하기 위해 회피가 아니라 안전기지(secure-base)인 어머니에게 과도하게 의존했다. 성진이에게 어머니는 자신을 무섭고 두려운 곳에서 보호해 줄 수 있는 안전한 보호막이다. 그래서 그 보호막이 사라질까 봐, 즉 어머니가 자신을 떠날까 봐 성진이는 어머니에게 과도하게 붙어있었고, "사랑해", "최고야"라고 말하며 어머니가 자신을 떠나지 못하도록 노력했던 것이다.

"엄마, 나 사랑해?"라고 습관적으로 어머니에게 사랑을 확인하는 아이가 있다. 그 마음에는 어머니가 자신을 사랑하고 있는지 궁금한 마음과 어머니가 자신을 사랑한다는 확신이 없다는 두 가지 마음이 있다. 아이가 계속 사랑을 확인하고 있거나 어머니의 곁을 떠나지 못하고 있다면, 지금 아이는 어머니가 떠날까 봐 두려워하고 있다는 의미다.

안전 대상에 대한 믿음은 하루아침에 형성되지 않는다. 아이가 불안해하면 대부분의 부모는 아이에게 "엄마는 널 사랑해. 엄마는 어디에 안 가"라는 말로 안심시키려 하지만, 이런 믿음을 형성하기 위해서는 말이 아닌 믿음을 줄 수 있는 지속적인 행동이 필요하다.

전문직에 종사하다 양육 때문에 직장을 그만두고 아이를 키우던 어머니가 계셨다. 그분의 마음은 아이를 빨리 키우고 다시 직장으로 돌아가고 싶었다. 그래서 그분은 아이가 어릴 때부터 스스로 혼자 할 수 있도록 가르쳤다. 여섯 살 때 유치원 입학식 날만 유치원에 데려다 주고 혼자 가도록 하였고, 초등학교, 학원, 친구 집에도 혼자 놀러가게 하였다. 그런데 어머니의 바람과는 달리 아이는 항상 어머니의 주위를 맴돌았다. 친구 집이나 학원, 학교에 어머니가 같이 가지 않으면 가지 않았고, 가더라도 5분마다 전화나 메시지로 어머니의 위치를 확인하였다. 그런 아이가 이해가 되지 않았지만 아이의 마음에 어머니가 떠날까 봐 두려워하는 마음이 있다는 것을 알고 아이에게 "엄마는 항상 네 곁에 있을거야"라며 안심을 시켰다. 하지만 아이는 여전히 어머니를 따라다녔다.

아이는 말과 달리 어머니의 마음이 직장에 가 있다는 것을 알고 있었던 것이다. 말로는 항상 곁에 있어 줄 것이라고 했지만 아이는 그 말도 어머니가 자신을 독립시키고 직장에 가기 위한 것임을 알고 있었다.

독립은 스스로 설 준비가 되어야 가능하다. 스스로 설 준비가
되지 않았는데 독립하도록 요구하는 것은 아이를 불안하게 만든
다. 독립하기 위해서는 아이가 충분한 돌봄을 받으면서 항상 어
머니가 자신을 지켜 줄 것이고, 자신이 돌아오면 언제든 그 자리
에 있을 것이라는 확신이 있어야 한다.

죽 음

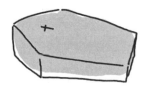

　'아이는 죽음의 존재를 알까?', '특별한 아이도 죽음의 존재를 알까?'라는 의문을 가진 적이 있다. 한 학자에 의하면 우리의 삶은 죽음과의 싸움이라고 한다. 죽음을 잊고, 죽음과 맞서고, 죽음을 멀리 하기 위한 싸움이라는 뜻이다. 그러나 많은 사람은 평소에 죽음의 존재를 잊고 살아간다. 반면에 어떤 사람들은 죽음의 존재를 항상 옆에 가까이 두고 두렵고 불안한 마음으로 살아간다.

　이것은 비단 어른만의 이야기가 아니다. 아이도 죽음을 가슴 깊이 숨겨 두었다가 죽음을 연상시키는 사건이 생기면 두려움을 느낀다. 즉, 아이가 죽음을 말하지 않는다고 해서 죽음을 모르고 느끼지 않는 것은 아니다. 그러면 아이에게 죽음을 연상시키는 사건은 무엇일까? 부모와의 갑작스런 이별, 할아버지나 할머니의 죽음, 애완동물의 죽음과 같은 경험들은 아이에게 죽음을 연상시킨다.

아스퍼거 증후군을 가진 동희에게도 죽음이 갑자기 현실로 다가왔다. 어느 날 어머니가 자궁에 종양이 생겨서 수술을 받게 되었다. 평소에 겁이 많던 동희였기에 어머니는 병원에 입원하기 한 달 전부터 수술은 가벼운 것이며, 어머니가 없는 동안 집 근처에 사는 이모가 집에 같이 있을 것이라고 동희를 안심시켰다. 이야기를 듣는 동안, 동희는 어머니의 이야기를 이해하고 받아들이는 것 같았다. 하지만 수술 당일, 동희는 자신의 방에서 나오지 않았고 수술을 하러 가는 어머니를 배웅도 하지 않았다. 수술이 끝나고 동희는 아버지와 이모랑 병원으로 갔다. 병실 문을 들어서려는 순간, 갑자기 동희는 "우리 엄마가 아니야. 이모, 집에 가요. 우리 엄마는 집에 있어"라고 말하며 밖으로 나가 버렸다. 그곳에 있던 모든 사람은 눈앞에 버젓이 누워 있는 어머니를 보고도 자기 엄마가 아니라고 우기는 동희가 이해되지 않았다. 동희의 아버지는 동희에게 병실에 들어가자고 설득하였으나 여전히 동희는 자기 엄마는 집에서 자기를 기다리고 있다며 우겼다. 어머니가 퇴원할 때까지 동희는 병원에 다시는 가지 않았다.

나중에 동희에게 그 이유를 묻자, 동희는 "환자복을 입고 있는 엄마는 우리 엄마가 아니에요. 우리 엄마는 안 죽어요"라고 하였다. 동희는 환자복을 입고 누워 있는 어머니가 죽을지도 모른다고 생각했던 것 같다. 그 후 동희는 주변 사람들의 건강에 지나칠 정도로 예민해졌고 자신이 죽을까 봐 걱정하였다. 아버지가 담배를 피우면 일찍 죽는다고 마구 소리치며 울고, 가족 모임에서 어머니가 맥주를 한 모금이라도 마시려 하면 자기 방에 들어가서 "엄마, 죽지 마"라고 중얼거리며 숨죽여 울었다. 그리고 교통사고가 날까 봐 어머니에게 학교에 항상 데려다 달라고 조르고, 엘리베이터가 추락할까 봐 13층인 집을 계단으로 걸어 다녔다.

아이가 죽음에 대해 아는 나이는 대여섯 살이라고 한다. 하지만 어떤 학자는 아이는 태어나는 순간부터 죽음을 인지하고 있다고 한다. 그 예로 영아도 본능적으로 자신의 존재를 위협하는 대상을 알아차린다. 그래서 갑자기 물건이 떨어지면 눈을 감거나, 큰 소리가 나면 놀라는 신체 반응을 보인다. 또 낯선 음식을 주면 우선 코로 냄새를 맡거나 낯선 사람을 경계하는 것도 죽음으로부터 자신을 지키기 위한 본능적 행동들이다.

죽음에는 생물학적 죽음도 있지만 심리적 죽음도 있다. 아이는 심리적 죽음에 예민하다. 아이에게 대표적인 심리적 죽음은 바로 어머니와의 분리다. 어머니와의 분리는 아이에게 생존을 위협하는 것으로 자신의 생존을 위해 본능적으로 아이는 어머니와 떨어지지 않으려 한다. 동희에게 어머니의 수술은 어머니와 분리될 수 있다는 두려움을 자극하였다. 그래서 병원에 있는 어머니를 부인하고 건강한 어머니가 집에 있다고 이야기한 것이다. 물론 어른들은 동희가 아픈 어머니를 위로해 주길 바랐지만 동희는 죽음이라는 두려움에 직면했기 때문에 아픈 어머니를 위로할 여유가 없었던 것이다. 그래서 아픈 어머니를 간호하거나 위로하기보다는 화를 내고 모른 척했던 것이다.

동희처럼 아이는 자신의 의존 대상이 갑자기 사라지면 이를 부인하기도 한다. 가령, 다음 그림의 성수(9세)처럼 어머니가 죽은 지 일 년이 넘었는데도 여전히 어머니가 살아 있다고 생각한다. 그리고 친구들에게 자신의 어머니가 살아 있다고 이야기한다. 다음 그림은 어머니가 죽은 지 일 년 후에 그린 가족화다. 그림에서도 볼 수 있듯이 여전히 성수는 어머니가 가족을 위해 요리를 하고 있다고 생각하였다.

"엄마는 요리하시고요. 아빠는 TV를 보고요. 난 책을 읽고 있어요."

죽음에 대한 두려움은 특별한 아이에게도 존재한다. 하지만 죽음을 입 밖으로 내면 왠지 죽음이 바로 옆으로 다가올 것 같은 두려움과 두려워하고 있는 자신의 모습이 다른 사람에게 바보처럼 보일 것 같아 아이들은 죽음에 대해 직접 이야기하기를 꺼린다. 하지만 죽음에 대한 두려움은 반드시 아이의 행동으로 나타나게 된다.

한 어머니에게 전화가 걸려 왔다. "아이가 엄마, 아빠, 할머니, 가족이 모두 죽으면 혼자 어떻게 사느냐고 말하면서 30분 동안 엉엉 울었어요. 그리고 엄마 유품을 하나만 달라고 하더군요"라고 말하며 아이가 이상하다는 내용이었다.

아이는 다섯 살 때 말이 느리고 산만하다는 이유로 상담을 받은 적이 있었다. 그리고 그 무렵 동생이 태어나고부터 갑자기 울고 떼쓰는 행동도 많아졌으며, 한번 울면 그칠 줄 몰랐다. 심한 날은 어머니나 동생을 때리기도 하였다. 이런 아이가 이해되지 않아 아이의 어머니는 부모 교육서에 나와 있는 대로 단호하게 아이를 대했다고 한다. 심지어는 아이를 베란다에 가두고 울음이 그칠 때까지 기다린 적도 있었다. 그래도 나아질 기미도 보이지 않고 아이의 울음에 지친 어머니는 아이가 울 때마다 아이가 해 달라는 대로 모두 해 주었다. 그런데 아이의 행동은 점점 더 심해지고 거칠어졌다. 초등학교에서는 반 친구들과 싸우는 날이 많았으며, "죽고 싶다"며 하소연을 하기도 하였다. 그러던 아이가 어느 순간부터 점점 말이 없어지고 혼자 있는 시간이 많아졌다. 어머니는 그런 아이가 안쓰러웠지만 아이에게 다가갈 수가 없었다. 아이가 자신의 감정을 잘 이야기하지 않았기 때문이다. 그러던 어느 날 수학여행을 다녀온 후 갑자기 아이가 울면서 엄마나 아빠가 모두 없으면 어떻게 사느냐고 소리 높여 울었던 것이다. 그 후부터 아이는 갑자기 어머니와 떨어지지 않으려 하고 어머니가 없으면 장롱 뒤에서 이상한 소리가 들린다며 혼자 집에 있지 않으려 하였다.

이 아이의 마음에는 죽음에 대한 두려움이 있다. 특별한 아이가 죽음에 대해 물어오면 많은 어른은 "그건 별거 아니다", "그런 생각하지 마라", "세상에는 귀신이 없다"라는 말로 아이의 두려움에 가볍게 반응한다. 하지만 어른이 느끼는 만큼 아이도 죽음에 대해 심각할 정도로 두려움을 가지고 있다. 그럴 때 진지하게 아이와 죽음에 대해 이야기를 나누어 보자. 죽음은 먼 미래의 것이라고 말하거나 누구나 죽는 것이니 신경 쓰지 말라고 달래기보다는 아이가 생각하는 죽음에 대해 진지하게 이야기를 나누어 보자.

미이라

초등학교 3학년인 우진이는 박물관으로 현장 학습을 다녀온 후 저녁밥도 먹지 않고 자기 방 침대 구석에 가만히 앉아 있었다. 어머니는 우진이에게 무슨 일이 있었는지 물어보았지만 우진이는 "아니야"라고 말하며 그냥 구석에 앉아 있었다. 우진이 어머니는 몇 번이고 물어보았지만 우진이는 아무 말도 하지 않았다. 그런데 그날 밤에 잠을 자다가 어머니가 이상한 소리에 잠을 깨어 보니, 우진이가 침대 구석에 숨어서 울고 있었다. 우진이 어머니는 우진이에게 우는 이유를 물어보자, 우진이는 "엄마, 죽지 마"라는 말만 할 뿐 다시 울었다.

우진이는 그날 현장 학습에서 미이라를 보았다. 책이나 TV에서 미이라를 본 적은 있지만 실제로 미이라를 본 것은 처음이었다. 미이라를 만드는 과정과 실제 박제된 미이라를 보면서 갑자기 어머니가 죽으면 미이라가 될 거라는 생각이 불쑥 들었다. 우진이는 그때 죽은 사람을 처음 보았던 것이다.

우진이는 부모가 모두 직장에 다녀서 할머니 집에서 다섯 살까지 자랐다. 주말마다 우진이 부모는 우진이를 만나러 갔지만 우진이는 그리 반가워하지도 헤어질 때 슬퍼하지도 않았다. 여섯 살 때부터 어머니와 같이 살았는데, 한 달가량 계속 밤마다 할머니가 보고 싶다고 울었다. 차츰 어머니와 함께 사는 것에 익숙해졌지만 우진이는 낯선 사람들을 만나면 어머니 뒤로 숨고 어머니와 떨어지는 것을 두려워하였다. 그래서 유치원과 학교에 처음 입학할 때 어머니가 한 달 동안 데려다 주었다. 또 자신이 감당할 수 없다고 생각하는 일들이 일어나면 어머니에게 자주 전화를 걸어 집에 가고 싶다고 이야기를 하였다. 그리고 현장 학습이나 체험 학습이 있기 일주일 전부터 우진이는 어머니와 떨어지는 것을 극도로 두려워하며 "제가 올 때까지, 계실 거예요? 엄마, 같이 가면 안 돼요?"라고 말하며 어머니에게서 떨어지지 않으려고 하였다.

아이에게 새롭고 낯선 것은 두려움의 대상이다. 그러나 어머니는 두렵고 무서운 세상으로부터 자신을 지켜 주는 대상이다. 그래서 자신을 지켜 주는 든든하고 안전한 대상이 있으면 아이는 그 두려움을 기꺼이 감수하고 새로운 세상을 탐색한다. 하지만 자신의 버팀목이 사라질지 모른다고 생각하면 세상으로 나가기 두렵다. 혼자 낯설고 두려운 세상과 싸워야 하기 때문이다. 우진이도 자신을 지켜 줄 대상에 대한 확신이 없기 때문에 세상에 혼자 나가는 것이 두려웠고, 그래서 새롭고 낯선 곳으로 나가려면 주저되고 어머니에게 과하게 의존하게 되었다.

세상의 두려움으로부터 안전하게 자신을 지켜 주는 대상은 세상을 살아가는 데 꼭 필요한 존재다. 그 대상은 어릴 때는 우리의 생존을 지켜 주지만 점점 성장하면 우리가 좌절하고 상처받았을 때 우리를 위로해 주고 달래 주는 역할을 한다. 예를 들어, 친구에게 맞아서 속상할 때, 우리의 속상한 마음을 달래 주고 위로해 주는 사람이 있으면 다시 힘이 난다. 그 대상이 어머니이기도 하고 다른 사람이기도 한다. 때로는 영적인 존재이기도 하다. 이 모두 우리의 '든든한 백'이다.

그러나 모든 사람이 그런 대상을 마음속에 간직하는 것은 아니다. 든든한 백은 언제든 자신을 지켜 줄 것이라는 믿음과 신뢰를 바탕으로 한다. 아이가 믿음과 신뢰를 가지려면 어머니나 주변 사람들의 한결같은 마음이 있어야 한다. 아이를 적극적으로 이해하고 수용하는 마음이 있어야 아이는 그 사람에 대한 믿음과 신뢰를 통하여 든든한 백을 가질 수 있다.

지적 장애를 가진 서현이는 일 년째 틱이 생겨 학교 생활이 어려웠다. 틱이 생길 만한 특별한 사건도 없는데 서현이의 음성 틱은 사라지지 않았다. 서현이와 이야기를 나누었더니, 서현이는 완벽하려는 마음을 가지고 있었다. 그 이유를 물으니 "엄마는 제가 장애인이라서 저를 사랑하지 않으세요. 장애인이 되지 않기 위해서는 공부를 많이 해야 해요"라고 말했다. 물론 서현이 어머니는 서현이가 장애가 있다고 사랑하지 않는 것은 아니다. 다만, 평소에 '공부를 열심히 해야 아이들이 너를 무시하지 않는다'라며 서현이가 다른 아이들에게 무시당하지 않게 하려고 공부를 많이 시켰을 뿐이다. 하지만 서현이에게 그런 어머니의 말은 자신이 공부를 못하면 자신을 사랑하지 않을 거라는 의미로 다가왔다.

서현이에게 서현이 어머니는 든든한 백이 아니다. 서현이는 어머니가 자신을 사랑하지 않을 것이라고 걱정하고 있다. 이런 걱정을 가지고 있으면 어머니를 무조건적으로 믿을 수가 없다. 그래서 아이에게 든든한 백이 되려면, '말을 잘 듣기 때문에', '공부를 잘하기 때문에', '예쁘기 때문에'와 같은 조건 없이 아이를 바라보아야 한다.

초등학생들에게 부모에게 들었던 상처가 되는 말에 대해 조사한 적이 있다. 아이들은 "너 그러면 아빠랑 따로 살아", "동생과 자꾸 싸우면 할머니 집에 보낸다", "말 안 들으면 집에서 나가"라는 말들에 상처를 받았다고 하였다. 이런 말을 들으면 부모가 자신을 버릴 것 같아서 두렵다고 하였다. 또 대학생들에게 부모로부터 조건 없는 사랑을 받아 본 경험이 있는지 조사한 적이 있다. 의외로 100여 명의 학생 중 2~3명만 그렇다고 답했다. 자녀에게 무엇인가를 바라고 사랑을 주는 부모는 없을 것이다. 하지만 받아들이는 자녀들은 부모가 자신이 잘하고 착할 때만 사랑을 받았다고 기억한다.

부모와 이야기를 나누다 보면, "아이가 학교 이야기를 잘 안 해요", "아이가 자신의 속마음을 잘 이야기 안 해요"라고 말하는 부모가 종종 있다. 아이가 부모에게 자신의 이야기를 하지 않는 이유 중 하나는 부모에게 좋은 모습을 보이고 싶기 때문이다. 즉, 아이의 마음에 부모는 자신이 좋은 모습을 보일 때만 자신을 사랑할 것이라는 생각이 자리하고 있기 때문이다.

아이에게 든든한 백이 되어 아이가 세상을 살아가는 데 힘이 되어 주고 싶다면, 아이에게 '네가 어떤 모습으로 있든 너와 함께 있을 거야'라는 확신을 주어야 한다. 장애가 있어도, 말을 하지 못해도, 남과 달라도 항상 부모가 자신의 곁을 지켜 줄 것이라는 확신이 아이들에게는 필요하다.

곰돌이

초등학교 3학년 영찬이는 오늘도 학교를 마치자마자 집으로 돌아왔다. 집에서 영찬이를 기다리는 곰돌이를 보기 위해서다. 곰돌이는 영찬이의 가장 친한 친구이자 동생이다. 영찬이는 학교에서 돌아오면 다른 사람들은 보지도 않고 방으로 들어가 곰돌이부터 만난다. 영찬이는 곰돌이에게 친구와 싸웠던 이야기, 선생님에게 야단맞았던 이야기, 친구가 놀렸던 이야기, 발표를 못해 창피당했던 이야기 등 학교에서 일어난 일들을 모두 이야기하고 나서야 밖으로 나온다.

곰돌이는 영찬이에게 정말 소중한 존재다. 어머니에게 야단을 맞거나 혼나면 곰돌이에게 이야기를 하고, 잠잘 때나 놀러 갈 때도 곰돌이를 가져간다. 물론 학교도 곰돌이와 함께 가고 싶지만 안 된다는 어머니 말씀 때문에 영찬이는 할 수 없이 혼자 학교에 가곤 했다.

곰돌이는 영찬이가 다섯 살 때 생일 선물로 받은 곰 인형이다. 그 이후로 영찬이는 곰돌이와 언제든 함께 하였다. 유치원에서 친한 친구에게 편지 쓰기를 하면 곰돌이에게 편지를 썼고 가족 소개나 그림을 그려도 항상 곰돌이를 먼저 그렸다. 그래서 유치원 선생님들은 곰돌이가 정말 영찬이의 친동생인 줄 알았다.

한번은 초등학교 2학년 때 시골 할머니 집에 가족끼리 놀러 간 적이 있었는데, 집으로 돌아올 때 곰돌이를 할머니 집에 두고 왔다. 그날부터 영찬이는 밥 먹을 때나 잠 잘 때 울면서 곰돌이를 그리워했다. 그리고 할머니에게 전화로 "곰돌이에게 밥 꼭 먹여 주세요. 그리고 하루에 한 번씩 꼭 산책도 시켜 주세요"라고 말했다.

그런 영찬이의 행동이 너무 과하다 싶어서 영찬이 어머니는 "네가 지금 몇 살인데 아직도 인형을 가지고 노니?"라고 야단도 치고, 영찬이 몰래 곰돌이와 똑같이 생긴 곰 인형을 사다 주기도 하였지만 여전히 영찬이는 곰돌이가 보고 싶다고 울었다. 결국 할머니는 택배로 곰돌이를 보내 주었다. 그날부터 영찬이는 곰돌이를 잃어버릴까 봐 가방에 꼭 넣어가지고 다녔다.

영찬이에게 곰돌이는 곰 인형 이상이다. 동생이자 친구이자 부모다. 영찬이 아버지는 지방에 있는 회사에 다녀서 1주일에 한 번 집에 오셨고, 어머니는 항상 아파서 영찬이와 놀아 주지 못하고 집에 누워 있는 날들이 많았다. 동생도 없는 영찬이는 어릴 때부터 밖에 나가 놀지 못하고 혼자서 인형을 가지고 놀았다. 그 인형이 곰돌이였다.

영찬이 행동은 초등학교 3학년의 행동이라기에는 너무 어린 듯이 보인다. 하지만 영찬이 행동에도 나름대로 이유가 있다. 비록 인형이긴 하지만 영찬이의 속상한 마음, 화난 마음, 불안하고 무서웠던 마음 들을 모두 들어 주었던 대상이다. 즉, 곰돌이는 영찬이에게 심리적으로 안정감을 주는 대상이었던 것이다.

우리는 어머니로부터 정서적 위로를 받는다. 그래서 세상의 두려움이나 어려움을 어머니를 통하여 완화하게 된다. 미국의 한 대학에서 만 2세 된 아이들을 대상으로 어머니의 정서적 위로에 대한 실험을 하였다. 아이에게 갑자기 공포스러운 상황을 제시하고 아이의 뇌 사진을 찍었다. 그런데 어머니와 정서적 유대감이 없는 아이는 어머니와 정서적 유대감이 잘 형성된 아이에 비해서 뇌에 코르티솔 호르몬이 많이 분비되었다. 스트레스 호르몬이라고 불리는 코르티솔은 아이의 발달을 방해하고 만성적 불안을 야기한다. 이 실험은 어머니와 아이의 정서적 유대감이 아이의 공포 상황을 완화시킨다는 것을 보여 주고 있다. 하지만 어머니가 공포 상황을 완화시키지 못하면 아이는 두려움을 혼자 감당해야 한다. 그러나 두려움을 혼자 감당하기에 아직 아이는 정서적으로 강하지 않다. 그래서 아이는 어머니가 없을 경우 어머니를 대신할 의지 대상을 찾는다. 그 대상이 아버지나 가까운 사람이 되기도 하지만 주변에 의지할 사람이 없으면 사물이 되기도 한다. 이런 예로는 담요, 인형, 블록, 부드러운 수건 등이 있다.

영찬이도 마찬가지다. 아버지는 직장 때문에 멀리 계시고 어머니는 몸이 아파서 자신을 돌봐줄 수 없었다. 그때 곰돌이라는 새로운 위로의 대상이 나타났던 것이다. 영찬이에게 곰돌이는 어머니이며 아버지다. 이런 영찬이에게 곰돌이를 갑자기 빼앗는 것은 어머니나 아버지를 빼앗는 것과 같아 커다란 상실감을 줄 수 있다.

그래서 우선 곰돌이의 존재를 인정해 주어야 한다. 그다음에 차츰차츰 어머니나 다른 사람들과 함께 자신의 마음을 나누는 시간을 늘려가야 한다. 즉, 서서히 위로의 대상을 사물에서 사람으로 바꾸는 것이다. 영찬이와 곰돌이의 관계는 오랜 세월 동안 맺어진 관계로 단번에 바꾸기는 어렵다. 인내를 가지고 아무런 비판이나 평가 없이 영찬이의 이야기를 "아, 그렇구나", "그래서 네가 마음이 아팠구나", "속상했구나"라고 들어 주면 차츰 영찬이는 사람과 마음을 주고받게 될 것이다.

애착 형성이 안 된 아이뿐 아니라 자폐 성향을 가진 아이들도 손에 자동차, 건전지, 전단지 등과 같이 작은 물건을 들고 다닌다. 이 물건들도 아이의 마음을 편안하게 해 주는 대상이다. 아스퍼거 증후군인 루크 잭슨이라는 아동이 쓴 『별종, 괴짜, 그리고 아스퍼거 증후군』이라는 책에 보면, 루크 잭슨은 어릴 때 연필이나 건전지를 손에 쥐고 두드리는 습관이 있었다. 다른 사람들은 그 행동에 짜증스러워하며 그만하기를 바라지만, 루크 잭슨은 "삶은 너무나 많은 것이 스트레스를 주는데, 항상 익숙한 것이 곁에 있다는 것은 마음을 편하게 만든다"라고 하며 지금도 그것들이 그립다고 하였다. 이처럼 많은 아이가 자신을 편하게 할 무언가를 가지고 다니고 싶어 한다. 무조건 그 대상을 없애는 것은 아이의 불안을 가중시킨다. 우선은 그 자체를 인정하라.

지금, 엄마는 우울 중

반응성 애착장애 성향을 보이는 동진(32개월)이는 '엄마'라는 말을 하지 않는다. 아무리 위험하고 급한 일이 있어도 동진이는 우유, 사과, 동물 이름, 자동차 이름, 한글, 숫자 등 다른 말들은 모두 하지만 엄마라는 말은 하지 않는다. 또 엄마라는 말 이외의 말은 다 따라하다가 엄마라는 말이 나오면 고개를 돌렸다. 그래서 어머니는 동진이가 고집을 부린다고 생각해 두 시간 동안 동진이에게 엄마라는 말을 하도록 끈질기게 시켰다. 그러나 결국 동진이는 엄마라는 말을 하지 않고 울다가 잠이 든 적도 있었다.

그리고 동진이는 마치 엄마라는 존재가 없는 것처럼 혼자 책을 읽거나 컴퓨터를 보면서 시간을 보내고, 놀이터나 공원에 가도 엄마를 찾지 않고 혼자 가고 싶은 곳을 다닌다. 하루는 동진이가 높은 곳에 있는 장난감을 꺼내려고 안간힘을 쓰고 있어서 어머니가 도와주려고 다가가 "도와줄까?"라고 물었다. 그렇지만 동진이는 그런 어머니를 쳐다보지도 않고 혼자 하려고 애쓰다가 결국 넘어졌다.

동진이 어머니는 임신 기간에 남편의 사업 실패로 심한 우울증을 겪었다. 하루 종일 집 안에 누워 있고, 늦은 밤에 들어오는 남편을 그리워하며 우는 날이 대부분이었다. 아이가 태어난 후 아이를 양육하는 일은 고된 일이었다. 우유를 먹이고 기저귀를 갈아 주는 일부터 목욕시키는 일까지 모두 혼자 해야 했는데, 이런 것들이 동진이 어머니에게는 큰 부담이었다. 게다가 밤이 되면 자신의 어려움을 몰라 주는 남편과 큰 소리로 싸웠다. 그때 동진이는 큰 소리에 놀라서 자지러지게 울었지만 그런 동진이를 돌봐 줄 여력이 어머니에게는 없었다.

동진이가 18개월 때까지 그런 시간들이 계속되었고, 그 기간에 동진이 어머니는 두 번의 가출과 한 번의 자살 시도를 하였다. 그러던 어느 날 문득 동진이를 바라보던 어머니는 깜짝 놀랐다. 사람을 보면 잘 웃고 항상 생기가 있었던 동진이가 시든 꽃처럼 한쪽에서 기운 없이 누워 있거나 앉아 있었고, 고개를 흔들거나 손을 흔드는 등 안 보이던 이상한 행동을 하고 있었던 것이다.

애착 형성은 어머니와의 정서적 유대감이 필수다. 정서적 유대감은 아이가 원하는 것을 어머니가 잘 알아차려서 적절하게 반응해 주는 경험이 무수히 반복되면서 생긴다. 이런 경험들은 아이에게

'우리 엄마는 내가 원하는 것이 무엇인지 아는 분이야', '우리 엄마는 나에게 필요한 것을 주시는 분이야'와 같은 생각을 가지게 만든다. 그리고 이런 생각은 앞으로 아이가 대인 관계를 형성할 때 타인을 바라보는 관점에 영향을 준다. 그래서 어머니를 비롯해 다른 사람에게 호의를 가지고 다가갈 수 있으며, 다른 사람이 다가와도 좋은 관계를 맺을 수 있다.

동진이 어머니는 우울해서 동진이가 원하는 것들을 그때마다 채워 주지 못했고, 결국 동진이와 정서적 유대감을 형성하지 못했던 것이다. 처음에는 동진이도 어머니에게 자신을 돌봐 달라고 요구하였지만 우울하여 주변의 사물이나 사람에 관심이 없어진 어머니는 그런 요구들을 알아차리지 못했다. 그 요구들이 계속 좌절되면서 동진이는 자신이 원하는 것을 채워 줄 수 있는 어머니가 없다는 생각을 했을 것이다. 이런 상황은 동진이에게 심리적 상처가 되었고, 어머니의 거절로부터 상처받지 않기 위해 심리적 관계를 단절시키고 마치 어머니가 없는 것처럼 행동하게 된 것이다.

동진이 어머니처럼 미처 자녀에게 관심을 보일 수 없었던 사례를 흔히 볼 수 있다. 생계를 위해 생업에 종사하다보니 필요한 시기에 아이를 돌볼 수 없거나, 남편의 외도나 사업 실패, 시부모님과의 갈등 등으로 아이에게 관심을 기울일 수 없거나, 어머니 자신이 몸이 아프거나, 자녀가 많아서 세심한 관심을 가질 수 없는 경우 등 다양한 이유가 있다.

다음 사례의 혜원이도 건강이 좋지 않은 오빠 때문에 필요한 시기에 적절한 돌봄을 받지 못한 경우다.

혜원이는 24개월로 말이 없고 사람과 눈 맞춤이나 상호 작용이 없으며, 마치 벽 안에 갇혀서 세상과는 멀리 동떨어진 느낌이 드는 아이다. 불러도 반응이 없고 밤에도 혼자 일어나 냉장고 안에서 우유를 꺼내 먹고, 책을 보면서 하루 종일 구석에 앉아 있고, 어머니가 밖에 외출해도 관심을 보이지 않는다. 혜원이는 '유사 자폐'라는 진단을 받았다.

혜원이는 태어날 때부터 순해서 어머니의 손길이 별로 가지 않는 아이였다. 우유를 먹이면 몇 시간이고 보채는 법이 없이 혼자서 놀았고 잠이 들면 아침까지 잤다. 4개월 때는 어머니를 보면 미소를 짓고 11개월 때는 어머니가 오면 "엄마"라고 말하며 어머니를 보고 웃었다. 그런데 혜원이가 12개월 때, 두 살 위인 오빠가 희귀병으로 병원에 입원하게 되었다. 어머니는 오빠에게 신경을 쓰느라 혜원이와 놀아 줄 시간이 없었지만, 한 번도 보채고 조르는 법 없이 먹여 주면 혼자 잘 놀아서 걱정하지 않았다.

혜원이가 필자를 처음 만나러 온 날, 혜원이는 필자에게 관심도 보이고 않고 바로 장난감이 있는 곳으로 달려갔다. 그리고 인형 한 개를 집어 들고 구석으로 가서 앉았다. 이야기를 나누고 있는 필자와 어머니에게는 관심이 없다는 듯이 구석에 앉아서 무슨 말인가를 중얼거렸다. 어머니가 밖으로 나갔을 때도 혜원이는 울거나 어머니를 따라 나가지 않았다. 물론 어머니가 다시 방으로 들어올 때도 마찬가지로 어머니에게 안기지 않았다.

지금 동진이와 혜원이에게는 자신이 원하는 것을 표현했을 때 어머니가 그 요구를 들어 줄 것이라는 믿음이 필요하다. 그러기 위해서는 동진이와 혜원이 어머니는 아이가 원하는 것을 정확하게 이해하고 반응해 주는 것이 필요하다. 이런 경험들이 무수히 반복되면, 아이는 어머니에 대한 믿음을 가질 수 있다.

아이가 원하는 것을 살 알아 주고 반응해 주는 능력을 어머니의 민감성이라고 한다. 민감한 부모는 아이가 원하는 것을 정확하게 알고 그에 적절하게 반응해 준다. 이런 경험들이 쌓이면서 아이는 자신이 타인에게 존중받는 사람이라는 자아존중감이 생기고, 타인은 자신의 욕구를 잘 들어 주는 좋은 사람이라는 신뢰가 생긴다. 어머니의 민감성이 높으려면 관심이 어머니 자신에게 있는 것이 아니라 아이에게 있어야 한다. 그래야 아이가 원하는 것을 재빨리 알아차릴 수 있기 때문이다. 관심이 아이에게 있으려면 어머니가 자신의 문제에서 벗어나야 한다. 자신의 걱정, 근심거리, 심리적 어려움은 관심을 어머니 자신에게로 집중시킨다. 먼저 어머니의 심리적 어려움부터 해결해야 한다.

어머니 대용품

어머니는 언제나 우리를 따스하게 품어 주는 존재다. 다른 사람들과의 관계에서 지치고 힘든 마음과 세상 사람들의 비난과 험담으로부터 상처받은 마음을 안아 주고 위로해 주는 대상이 바로 어머니다. 그래서 우리는 항상 따스한 어머니와 함께 있기를 바란다. 어머니는 실존하는 어머니일 수도 있지만 우리 마음속에 자리 잡은 심리적인 존재일 수도 있다.

누구나 이런 어머니가 마음속에 자리 잡고 있어서 '어머니' 하면 떠오르는 생각이나 말이 있다. 자신의 마음속에 어머니에 대한 이미지를 보기 위해, '나의 어머니는 ＿＿＿＿＿＿ 이다' 라는 문장에 떠오르는 생각을 적어 보자. '나의 어머니는 자상하다', '나의 어머니는 나를 사랑하신다', '나의 어머니는 따스하다' 등 어머니에 대한 긍정적인 이미지를 가지고 있는 경우는 따스한 어머니상을 가지고 있는 것이다.

그러나 '나의 어머니는 무섭다', '나의 어머니는 없다', '나의 어머니는 날 미워한다'와 같은 부정적인 어머니 상을 가지고 있는 사람도 있다. 이들에게 세상살이는 참 고달프고 힘들다. 이들의 입에서는 항상 '세상 살기 어렵다', '외롭다'라는 말이 끊이지 않는다. 그래서 이들은 실존하는 어머니에게서 위로를 받을 수 없기에 어머니 대용품을 찾는다. 어머니 대용품은 자신의 마음을 위로해 주는 대상이나 사물, 행동 들이 모두 해당된다. 가령, 마음을 달래기 위해 음악을 듣거나, 여행을 떠나거나, 낚시를 하거나, 어머니를 연상시키는 물건을 수집하기도 한다.

재모는 초등학교 6학년으로 지적 장애를 가지고 있다. 재모는 아버지, 어머니, 두 살 어린 여동생과 살고 있다. 어린 시절, 동생이 태어나기 전에 재모는 부모의 사랑을 독차지하였다. 하지만 동생이 태어나고부터 재모는 어머니에게 야단만 맞았다. "지금은 안 돼. 동생이 자면 놀아 줄게", "오빠답게 굴어라" 등 어머니는 항상 동생이 우선인 듯했다. 재모는 어느덧 초등학생이 되었는데, 재모는 어린 시절의 호기심과 말이 많던 모습은 사라지고 조용하고 항상 혼자 생활을 하였다. 그러다 동생이 자신의 물건을 가져가거나 만지면 불같이 화를 내며 물건을 던졌다. 그런 재모가 무서워 어머니는 재모를 화나지 않게 하려고 재모의 눈치를 보았다. 그런 날들이 계속되다가 어느 날부터 재모는 동생과도 더이상 싸우지 않게 되었다. 그리고 어머니와도 더 이상 대화를 하지 않았다. 그런데 어느 날부터 재모는 혼자 허공에 대고 중얼거리는 버릇이 생겼다. 허공에 대고 혼자 말하고 대답하고, 심할 때는 손짓을 하며 소리를 지르기도 하였다.

재모가 아무도 없는 곳에 혼자 이야기를 하는 모습은 이상하게 보인다. 재모는 왜 그런 행동을 하는 것일까? 재모의 마음속에는 따스한 어머니가 없다. 동생이 태어나면서 어머니에게 동생을 양보하고, 어려운 일이 있거나 힘든 일이 있어도 어머니와 이야기를 나눌 수 없었다. 그래서 재모는 자신의 이야기를 들어 주고 자신의 마음을 알아 주는 '상상 속의 친구'를 만들었다. 상상 속의 친구는 재모에게 어머니 대용품이다.

40개월 연진이는 어머니의 가방을 항상 가지고 다닌다. 어머니의 가방이 없으면 밖에 외출하지 않는다. 그리고 어머니의 가방을 들고 외출을 하면 어머니의 손을 잡기보다 마치 가방이 엄마라도 되는 양 어머니의 가방을 꼭 움켜쥐고 다닌다.

연진이는 어머니가 마흔 살이 넘어 낳은 늦둥이다. 늦게 연진이를 낳다 보니 어머니는 연진이를 키우는 데 자신이 없었다. 특히 신생아 때부터 유달리 잘 먹지도 않고 자지도 않아서 기질적으로 까다로운 연진이를 어떻게 하면 잘 키울지 고민이었다. 설상가상으로 연진이는 한번 울면 쉽게 그치지 않았는데, 그 울음이 얼마나 크고 오래가는지 연진이 어머니의 표현으로 연진이가 울면 정말 머리가 터져 버리는 것 같다고 하였다. 그래서 어느 날은 우는 연진이를 두고 한 시간 정도 밖에 나갔다 온 적도 있었고, 우는 연진이와 같이 소리 내서 울기도 하였다. 그런데 어느 날부터 연진이는 혼자 천장을 보고 웃는 행동을 보였다. 그리고 점점 말수가 적어지면서 어머니의 핸드폰을 가지고 노는 시간이 늘어났다. 그리고 어머니가 불러도 돌아보지 않고 눈도 마주치지 않았다. 그때부터 어머니의 가방을 안고 다니는 버릇이 생겼다.

연진이는 '애착장애'라고 불리는 아이와 비슷한 행동을 보인다. 애착 형성에 어려움을 보이면 여러 가지 문제 행동을 보이는데, 특히 사람과의 관계에서 어려움을 보인다. 또한 새로운 상황이나 사람을 만나면 불안해하는 등 정서적으로 어려움을 경험하기도 한다.

연진이에게 세상은 불안한 곳이다. 불안한 곳에서 자신을 위로해 줄 수 있는 대상은 어머니가 아니라 어머니의 가방이었다. 즉, 어머니의 가방은 어머니 대용품인 것이다. 그래서 불안하면 그 마음을 달래기 위해 어머니의 가방을 찾았던 것이다.

가끔 특정한 사물에 집착하는 아이를 만나게 된다. 이 아이에게도 특정 물건은 자신을 달래 주는 어머니 대용품일 가능성이 높다. 어머니 대용품이 갑자기 없어지면 아이는 더욱 불안을 느낀다. 이런 경우 앞의 곰돌이 사례처럼 서서히 대용품이 어머니나 가까운 사람으로 대체될 수 있도록 하는 것이 좋다.

대학생들에게 자신이 슬프거나 불안하면 특정한 행동이나 찾는 물건이 있는지 물어보았다. 의외로 많은 학생이 담요나 베개, 어린 시절에 들고 다니던 곰 인형 등을 아직도 어머니 대용품으로 사용하고 있었다. 이처럼 세상은 혼자 살아가기에는 너무 두렵고 외로운 곳이기에 어머니를, 그리고 어머니가 없으면 그 대용품을 가지려는 것이다.

우리 아이의 애착은⋯⋯⋯

아이의 애착 유형이나 애착 정도는 아이가 보이는 행동을 통해 알 수 있다. 주 양육자, 즉 어머니와 떨어질 때 보이는 행동이나 어머니에게 평소에 하는 행동을 자세히 관찰해 보면 아이의 애착을 알 수 있다. 에인스워스(Ainsworth)라는 학자는 낯선 상황에서 아이가 보이는 행동으로 애착을 '안정 애착'과 '불안정 애착'으로 구분하였다. 안정 애착은 아이의 적응에 도움이 되는 애착 유형으로 대부분의 아이가 안정 애착을 형성한다. 다음은 아이가 낯선 상황에서 어머니와 분리될 때 보이는 행동으로 애착 유형을 나눈 것이다.

안정 애착

안정 애착의 아이는 낯선 상황에서 장난감을 가지고 놀다가 어머니가 방을 떠났을 때 놀라는 반응을 보이며 놀이나 탐색 행동을 중단하고 어머니를 찾는다. 그리고 어머니가 다시 방으로 돌아오면 어머니에게 안겨서 쉽게 진정되고 다시 놀이에 몰입한다. 이들은 즐거움, 자신감, 호기심을 갖고 환경을 적극적으로 탐색하고,

어머니와 분리될 때 적절하게 슬픔을 표현한다. 또한 정서적으로 안징되어 어머니가 달래 주면 쉽게 진정된다. 즉, 이들은 낯선 상황에서 어머니를 안전기지(secure-base)로 활용하여 어머니 곁을 자유롭게 벗어나 적극적으로 주변 환경을 탐색하며, 탐색 도중에 불안을 느끼면 어머니에게 와서 안정감을 찾고 다시 새로운 환경을 탐색한다.

불안정 애착(저항형)

불안정-저항 애착의 아이는 전체의 10% 정도를 차지하는데, 낯선 상황에서 어머니와 분리되는 것에 대해 강하게 저항한다. 그래서 어머니와 잠시도 떨어지지 않으려 하고, 어머니가 옆에 있어도 낯선 사람에 대해 불안을 느낀다. 그런데 어머니와 떨어져 있고 난 후 어머니가 돌아왔을 때, 어머니가 위안의 대상이 되지 못해 계속 화를 내거나 운다. 이들은 어머니에게 붙어 있으려는 욕구 때문에 새로운 것이나 환경을 탐색하지 못한다.

불안정 애착(회피형)

불안정-회피 애착의 아이는 낯선 상황에서 어머니를 안전기지로 사용하지 못하고 어머니와 분리되어도 별로 어머니를 찾지 않는다. 또한 이들은 사람 대신에 사물에 관심이 더 많아서 사물에 의지하고, 어머니와의 분리로 인해 생기는 슬픔을 숨긴다. 그래서 어머니를 필요로 하지만 어머니가 이를 충족시켜 주지 못할 것으로 생각해 어머니와의 접촉을 피한다. 어머니가 방으로 돌아오면 어머니에게 다가가지 않고 여전히 놀이에 몰두한다. 이들은 정서적으로 동요가 없어 보이지만 마음으로는 상처로부터 자신을 보호하기 위해 어머니에게 무관심을 보인다.

불안정 애착(혼돈형)

불안정–혼돈 애착의 아이는 어머니에 대한 이미지가 이중적이라 어머니가 위로의 대상도 되지 못하고 어머니에게 다가가지도 못한다. 그래서 이들은 어머니와 분리될 때 강하게 거부를 하다가도 쉽게 장난감으로 관심이 이동한다. 또한 어머니와의 재회 시에는 어머니에게 다가가지도 않고 어쩔 줄 몰라하는 반응을 보인다. 이들은 주로 어린 시절 부모의 학대나 일관적이지 않은 양육을 받은 경험이 있다.

아스퍼거 증후군을 가진
특별한 아이들

아스퍼거 증후군(Asperger's Syndrome)은 자폐 스펙트럼의 한 유형이다. 이 증후군은 전형적인 자폐성장애에 비해 지적 능력과 의사소통 능력이 높다. 지적 능력은 보통 이상이며, 어휘나 표현력이 또래와 비슷하거나 우수한 경우도 있다. 하지만 아스퍼거 증후군을 자폐성장애의 한 유형이라고 하는 이유는 자폐성장애의 주 특징이라고 할 수 있는 사회성 부족 때문이다. 이 증후군을 가지고 있는 아이들은 학교 공부는 잘하지만 또래 및 대인 관계가 원활하지 않은 경우가 많으며, 의사소통이 자연스럽지 못하다. 가령, 말투나 내용이 과장되거나 대화의 내용도 자신이 관심 있는 분야에만 집중되어 있고, 의사소통 중에 얼굴 표정과 몸짓을 사용하는 경우가 적다. 또한 말이 너무 많거나 적으며, 말을 할 때 억양이 이상하고 단조롭기도 하다. 또 문맥에서 벗어난 부적절한 단어를 반복하기도 하며, 신조어를 만들기도 한다.

이들은 의사소통 기능뿐 아니라 타인의 감정을 잘 공감하지 못하여 친밀한 관계를 형성하는 데 어려움을 보인다. 아스퍼거 증후군은 눈에 보이지 않는 타인의 마음보다는 타인의 행동에 근거하여 상대방의 의도를 이해한다. 그리고 상황에 따라 타인의 입장을 고려하는 것이 어렵다.

〈내 이름은 칸〉이라는 아스퍼거 증후군을 가진 주인공의 사랑을 다룬 영화를 보면 이런 특성이 쉽게 이해가 된다. 주인공 칸은 다른 사람의 말에 숨겨진 이중적인 의미나 상내방의 의도를 잘 이해하지 못한다. 단지 상대방의 말을 문자 그대로 해석하고 받아들일 뿐이다. 그래서 그의 아내가 아들이 죽은 비통한 마음에 칸에게 다시는 보고 싶지 않으니 떠나라고 하자 칸은 "언제 돌아와도 되냐?"고 물었고, 그 아내는 "대통령을 만나서 '당신의 이름은 칸이고, 테러리스트가 아니다'라고 말하면 집으로 돌아와도 된다"라고 한다. 그 말은 진짜로 대통령을 만나고 돌아오라는 의미가 아니라 당신과 함께 사는 것이 대통령을 만나는 일 만큼이나 불가능하다는 것이었다. 하지만 칸은 그 말의 속 뜻을 알지 못하고 아내의 말대로 대통령을 만나러 긴 여정을 떠난다.

이 주인공처럼 아스퍼거 증후군은 대인 관계의 어려움을 어릴 때부터 지속적으로 경험하기 때문에 청소년이나 성인이 되었을 때는 외로움, 고독, 우울 등과 같은 정신적 문제로 힘들어하기도 한다. 또한 약물이나 게임, 알코올 중독과 같은 문제를 보이기도 한다.

이들은 대인 관계를 비롯한 사회적 어려움을 보이지만 기억력이 탁월하다는 장점이 있다. 버스나 지하철 노선도, 지명 및 인명, 역사적 사건, 날짜와 요일, 날씨 등을 잘 암기하고, 특별한 화학식이나 수학 계산 능력이 탁월하기도 한다. 〈내 이름은 칸〉의 주인공도 책의 내용이나 상대방의 말을 줄줄 외워서 주변 사람들을 놀라게 한다. 이런 능력은 아스퍼거 증후군의 학업 성취에 많은 도움이 된다.

아스퍼거 증후군을 가진 한 성인이 있었다. 그는 어릴 때부터 기계 부품이나 설계도를 모두 기억할 정도로 기억력이 뛰어났다. 그래서 초등학교 때 집 안에 있는 가전제품을 스스로 고치고 조립하기도 하였다. 고등학교 때에는 용산 전자상가에서 부품을 사서 오디오나 컴퓨터를 조립하였고, 오토바이를 조립하여 과학 대전에서 상을 받기도 하였다. 그는 특히 모형 총을 조립하는 것을 좋아하였는데, 결국 그는 총을 조립하는 방위 산업체에 취업하였다. 또 다른 아스퍼거 증후군 성인도 어린 시절부터 화학 기호와 식을 암기하는 뛰어난 능력이 있었다. 초등학교 6학년 때부터 대학 교재를 읽었으며, 대학교에 특기생으로 화학과를 입학하였다.

이들처럼 아스퍼거 증후군은 학령기에는 대인 관계의 문제로 다소 힘든 시절을 보내지만 성인이 되어 자신의 적성과 특기를 살릴 수 있는 직업을 선택하게 되면 나름대로 사회에 적응해 살아갈 수 있다. 그 대표적인 인물로 자신의 경험을 토대로 〈별종, 괴짜, 그리고 아스퍼거 증후군〉이라는 아스퍼거 가이드 책을 쓴 루크 잭스가 있다.

아파트 장례식

동수(초등학교 6학년)가 얼굴이 빨개져서 상담실에 들어왔다. 그리고 "아파트가 죽어 가요"라고 말하며 갑자기 울음을 터트렸다. 무슨 일인가 싶어 자초지종을 들어 보니 동수의 이야기는 이렇다.

"삼성 아파트가 하나씩 죽어 가요" 요즘 재건축에 들어간 삼성 아파트가 한 동씩 무너지는 것을 보고 한 말이었다. 동수는 건축 설계사라는 별명으로 불릴 정도로 아파트의 동 호수 및 배치를 외워서 배치도 그리는 것을 좋아한다. 자신의 아파트뿐 아니라 온 동네 아파트 배치를 모두 외워서 마치 사진처럼 그려 낸다. 하루는 동수가 학교에서 돌아올 시간이 넘어 밤이 되어도 돌아오지 않아 미아 신고를 한 적이 있었다. 평소에 혼자 학교를 다니고 지리도 잘 알아서 길을 잃을 걱정이 없는 동수였지만 밤이 되어도 오지 않자 걱정이 되었던 것이다.

그런데 밤 10시가 넘어 흙투성이가 되어 돌아온 동수는 걱정하는 부모의 마음은 생각도 않고 함박웃음을 지으며 손에 쥐고 있던 종이 한 장을 어머니에게 건네주었다. 종이에는 아파트 배치도가 그려져 있었다. 그 아파트는 시내 외곽에 있는 한 아파트로, 예전에 가족끼리 놀러 가는 길에 보았던 아파트였다. 그곳을 동수는 걸어서 갔다 왔던 것이다.

아파트는 동수에게 모든 관심과 흥미의 대상이다. 그런 아파트가 하나둘씩 사라지는 것을 바라보는 동수는 아파트가 죽는다고 생각했던 것이다. 필자는 동수에게 아파트가 낡아서 부수고 다시 짓는 것이라고 이야기를 해 줄까 싶다가 동수의 마음이 느껴져서 동수와 함께 사라지는 아파트들을 위한 장례식을 치렀다.

동수는 여섯 살 때 아스퍼거 증후군이라는 진단을 받았다. 아스퍼거 증후군은 자신이 관심 있는 부분에서는 탁월한 기억력을 보이지만 타인의 감정을 읽고 유추하는 능력은 부족하다. 특히 사랑, 죽음, 상실, 절망과 같은 다소 추상적인 감정이나 상황 등을 잘 이해하지 못해 자신을 사랑해 주던 할아버지의 장례식장에서 즐겁게 웃고 놀기도 한다. 8세의 아스퍼거 증후군을 가진 아이는 자신이 오랫동안 키우던 강아지가 죽었는데, 죽은 강아지가 배가 고파서 누워 있다고 생각해 강아지 사체 앞에 먹을 것을 계속 가져다 놓기도 하였다. 이처럼 아스퍼거 증후군에게 추상적인 개념이나 감정을 유발하는 상황들은 어려운 퍼즐처럼 난해하기만 하다. 그래서 이들은 친구와 깊은 우정을 나누고 어머니의 깊은 슬픔을 이해하거나 다른 사람의 미묘한 감정 변화를 알아차리는 등의 일상생활에서 어려움을 경험한다.

동수도 미묘한 감정을 이해하고 적절하게 표현하지 못하지만 자신이 좋아하는 것들이 사라지면 슬픔을 느낀다. 정교한 말로 그 감정을 설명할 수는 없어도 자신이 관심을 가지고 바라본 것이 사라지면 슬픈 감정을 느낀다.

간혹 아스퍼거 증후군이나 자폐 성향을 가진 아이들이 감정을 느끼지 못한다고 생각하는 사람들도 있다. 하지만 인지적으로 이를 명명하거나 설명하지 못할 뿐, 이들도 감정을 느낀다. 〈내 이름은 칸〉이라는 영화의 주인공이 자신을 유일하게 이해하고 사랑해 주던 어머니가 돌아가셨을 때, 다른 사람처럼 눈물을 흘리지는 않지만 작은 돌 두 개를 계속 손으로 만지작거리는 장면이 나온다. 슬픔을 말로 표현하지는 못하지만 돌로 자신의 슬픔을 표현하고 있는 것이다.

감정은 신체 반응을 동반한다. 우리는 슬픔, 화남, 기쁨, 놀람 등의 감정을 느낄 때 우리의 몸은 호흡이 가빠지기도 하고, 심장이 빨라지기도 하며, 동공이 커지고 온몸이 긴장되기도 한다. 이런 신체 반응을 우리는 상황과 연계하여 해석하고 그 해석에 따라 감정을 느낀다. 가령, 심장이 빨라지고 호흡이 가빠지며 동공이 커지는 신체 반응을 느낀다고 가정하자. 그때 좋아하는 사람이 멀리서 나타나면 우리는 신체 반응을 기쁨이나 설렘 때문이라고 생각한다. 또 멀리서 커다란 개가 나타나면 우리는 그 신체 반응을 공포 때문이라고 생각한다. 이처럼 감정은 상황을 해석하는 방식에 따라 달라진다. 물론 학습에 의해 할아버지가 돌아가시면 슬픔을, 어머니가 화를 내면 무서움을, 친구들이 놀리면 화를 느낀다고 배우기도 하지만 대부분은 상황과 맥락을 통해 감정을 알게 된다.

특별한 아이는 이런 상황을 해석하는 능력이 제한적이다. 상황을 해석하는 능력이 제한적인 이유는 지적 능력의 부족, 난서에 대한 민감성 부족, 타인의 표정을 읽지 못하는 것 등 다양하다. 상황과 맥락을 정확하게 해석하지 못하면 화를 내야 하는 상황에서 웃거나, 웃어야 하는 순간에 울기도 한다. 그래서 이들에게는 자신의 신체 반응을 상황과 맥락에 따라 해석하는 방법을 알려 줄 필요가 있다. 친구가 때리면 슬프거나 화가 나고, 무서운 개를 만나면 두렵고, 다른 사람이 칭찬을 하면 행복한 감정이 든다는 것을 알려 주어야 한다. 물론 세상에 일어나는 다양한 일과 거기에 맞는 모든 감정을 학습시킬 수는 없지만 그래도 연습을 통하여 감정에 대한 적절한 반응들을 알려 줄 수 있다. 이런 교육은 아스퍼거 증후군의 원만한 또래 관계나 대인 관계에 도움이 된다.

6월 13일, 바로 그날

우석(고등학교 1학년)이가 가장 좋아하는 날은 교회에 가는 날이다. 어릴 때부터 다니던 교회는 우석이에게 집 다음으로 좋아하는 곳이다. 교회 가는 날 아침이 되면 가족 중에서 제일 먼저 일어나 아침밥도 먹지 않고 교회로 향한다. 교회에서도 제일 먼저 도착하여 오는 사람들에게 인사도 하고, 주차 도우미도 하고, 식당에서 스스로 식판을 나르기도 하고, 성가대에서 봉사도 하면서 하루를 보낸다. 이런 우석이를 교회 사람들은 물론 부모도 대견해 하며 나중에 목사가 되고 싶다는 꿈을 잘 키워 가길 바랐다. 그런데 어느날, 예배 도중에 우석이가 목사님에게 돌을 던지는 사건이 발생했다. 목사님이 기도를 인도하는 도중에 우석이가 주먹만한 돌을 목사님에게 던졌던 것이다. 물론 예배는 중단되었고 교회는 아수라장이 되었다. 목사님도, 전도사님도, 우석이 부모도 모두 놀랐다. 그리고 이 사건 이후로 우석이의 돌발 행동이 두려워 교회 사람들은 우석이를 피하기 시작했다. '위험한 아이다', '언제 변할지 모른다', '장애아는 어쩔 수 없다'와 같은 우석이에 대한 좋지 않은 소문도 돌기 시작했다. 우석이는 이제 주차 도우미도, 식당에서 식판을 나르거나 성가대 연습도 할 수가 없게 되었다. 우석이를 위험하게 생각한 교회 사람들이 우석이를 만나는 것을 두려워했기 때문이다. 그리고 목사님도 우석이 부모에게 우석이가 돌발 행동을 하지 않도록 잘 보살펴 달라고 부탁하였다. 우석이 어머니는 우석이가 안쓰러웠다. 교회는 우석이에게 친구이며, 학교이며, 사회였는데 이제 교회 사람들이 우석이를 두려워하며 피하기 때문이다.

우석이는 왜 목사님에게 돌을 던졌을까? 우석이네 교회에서는 성가대 팀이 돌아가며 예배 시간에 찬송을 한다. 그런데 원래 예정되어 있던 우석이 성가대 팀의 찬송이 교회 사정으로 3주 정도 미루어지게 되었다. 우석이는 이 사실을 이해할 수도 받아들일 수도 없었다. 그래서 전도사에게 물어보았지만 전도사는 "교회 사정 때문이야"라고만 말하며 더 이상 우석이가 납득할 만한 설명을 해 주지 않았다. 우석이는 이런 상황이 불합리하게 느껴졌다. 그래서 전도사에게 편지를 써서 약속된 날에 성가대 찬송을 하게 해달라고 요구하였다. 그러나 전도사는 우석이의 편지를 진지하게 받아들이지 않았다. 그러자 우석이는 교회 장로들에게 각각 편지를 써서 약속된

날에 성가대 찬송을 할 수 있게 해달라고 요구하였다. 마찬가지로 교회 장로들도 우석이의 요구를 무시하였다. 그러자 우석이는 목사님에게 "6월 13일 날, 우리 성가대가 찬송하게 해달라"라는 편지를 1주 전부터 매일 한 통씩 보냈다. 하지만 목사님도 답이 없었다. 그러자 바로 전날 우석이는 목사님에게 "6월 13일 날, 우리 성가대가 찬송하게 해달라. 그렇지 않으면 돌을 던지겠다"라는 편지를 마지막으로 보냈다. 하지만 역시 목사님은 장난 편지라고 생각했고 우석이에게 답을 하지 않았다.

드디어 6월 13일. 우석이는 돌을 준비해서 교회로 향했다.

우석이는 아스퍼거 증후군을 가지고 있다. 이 증후군의 특성 중 하나가 융통성이 부족하여 정해진 규칙에서 벗어나는 것을 잘 받아들이지 못하는 것이다. 우석이에게 6월 13일은 자신의 팀이 성가 찬송하는 날이다. 하지만 성가 찬송하는 날이 계획과 다르게 진행되자 이해할 수 없었다. 그래서 전도사에게 물어도 보고, 많은 사람에게 나름대로 요구와 부탁을 하였다. 하지만 그 방법이 우리가 사용하는 방식과는 달라서 우석이의 요구는 무시당했다. 우석이는 자신의 노력이 받아들여지지 않자, 화가 난 마음을 표현하기 위해 예배 시간에 돌을 던진 것이다.

아스퍼거 증후군을 가진 아이들은 틀에서 벗어나는 것을 싫어한다. 그리고 계획대로 되지 않으면 불안을 느낀다. 또한 표현 방식이 서툴러 자신의 감정을 극단적인 방법으로 표현하는 경우가 종종 있다. 이런 방법이 우리에게는 다소 생소하여 그 아이의 마음을 이해할 수 없게 만들고 그들의 행동을 우리의 관점으로만 바라보게 만든다. 가령, 우석이가 성가대 찬송을 못해서 슬퍼하고 있는 마음을 보기보다는 예배 시간에 돌을 던진 사건만을 중요하게 생각하게 된다. 그래서 우석이를 위험한 아이, 공격적이고 충동 조절이 안 되는 아이라고 생각한다. 우석이에게 교회는 자신을 받아주는 유일한 사회였다. 그리고 성가대에서 찬송하는 것은 자신의 능력을 다른 사람에게 인정받는 유일한 길이었다. 그런데 그 길이 자신이 이해하지 못하는 이유로 자꾸만 연기된다고 생각해 보자. 아마도 누구라도 화가 날 것이다. 단 화를 표현하는 방식이 우석이처럼 극단적인 방법은 아닐지라도 어떤 방식으로든 화를 표현하게 될 것이다.

우선 이 행동을 비난하기에 앞서, 우석이의 마음을 좀 더 공감하고 이해하는 것이 필요하다. 그다음에 우석이가 이해할 수 있도록 상황을 설명해 주어야 한다.

바른생활 맨

동진이는 올해 중학교 1학년에 입학하였다. 지능은 120으로 보통 아이보다 다소 높아 학업 성적이 우수하며, 특히 과학에 흥미가 높아 과학 서적이나 과학 관련 기사를 읽는 것이 취미다. 그래서 과학 책을 보통 3~4시간 동안 한 자리에서 모두 읽을 때까지 움직이지 않는다. 다른 사람들은 공부 잘하는 아이라고 동진이를 부러워하지만 동진이의 부모는 동진이에게 친구가 없는 것이 커다란 고민이다.

동진이는 다섯 살 때 아스퍼거 증후군 진단을 받았지만, 초등학교 시절까지는 2% 부족한 듯해도 소수의 친구와 친하게 지내며 또래 관계를 유지하였다. 그러나 중학교에 올라오고부터 동진이는 친구를 사귈 수가 없었다. 동진이는 그 이유를 자신과 이야기가 통하는 아이들이 없고 아이들이 유치하기 때문이라고 하였다. 그리고 자신과 대화가 통하는 친구

가 하나도 없어서 외로워 죽고 싶다는 말도 하곤 하였다. 다
음 그림은 동진이가 외로운 마음을 표현한 그림이다.

"저는 아무도 없는 캄캄한 어둠 속에 혼자 있어요."

어느 날, 동진이가 친구에게 맞아 코피가 나서 집에 왔다.
급식 시간에 밥을 적게 달라는 동진이의 말을 급식 당번이
무시하고 많이 줘서, 그 이유를 따지다가 친구와 싸웠던 것
이다. 그 사건 후 담임 선생님은 서로 화해시켰지만 동진이
는 자신은 사과할 이유가 없다며 그 자리를 박차고 나왔다.
게다가 동진이는 그 친구를 학교 폭력으로 고발하였다. 그
이유는 이전부터 자신이 밥을 적게 달라고 계속 요구를 하였
지만, 이를 무시하고 친구가 자신을 괴롭히려고 계속 일부러
많이 줬다는 것이다.

동진이는 어린 시절부터 친구들 사이에서 '바른생활 맨'이라는 별명으로 불릴 정도로 학교의 규칙이나 규범을 철저히지켰으며, 다른 친구가 규칙에 어긋나는 행동을 하면 바로잘못된 점을 그 자리에서 지적하였다. 한번은 선생님이 단체로 반 아이들을 벌을 준 적이 있었다. 그때도 동진이는 자신은 잘못을 하지 않았기에 벌을 받을 수 없다고 주장하고, 선생님에게 "선생님이 공평하지 못하다. 선생님이 될 자격이없다"라는 메시지를 보낸 적도 있었다. 그뿐 아니라 수업 중에 떠드는 아이에게 갑자기 다가가서 "수업 중에 떠들지 마"라고 이야기해 수업이 중단되기도 했다. 초등학교 5학년 때는 급식 시간에 앞에 있는 친구보다 자신에게 작은 돈가스를주었다고 급식 당번에게 항의를 하였다. 그러자 급식 당번이돈가스를 하나 더 주자, "다른 사람들은 하나인데, 나에게만2개 주는 것은 불공평하잖아"라고 말하며 식판을 던져서 급식실이 난장판이 된 적도 있었다.

　친구들은 매사에 논리적이고 따지기 좋아하는 '바른생활맨' 동진이와 함께 있는 것이 불편했다. 그래서 동진이가 이야기를 하면 고개를 돌리거나 동진이의 말에 대답을 하지 않았다. 하지만 동진이는 친구들이 자신을 피하는 이유를 이해할 수가 없었으며, 도리어 친구들이 비논리적이고 감정적이며 합리적이지 않다고 친구들을 비난하였다.

동진이는 한번 정해진 규칙이나 규범은 바뀌지 않는다고 생각한다. 그래서 친구들이 수업 시간에 떠드는 것, 돈가스를 2개 주는 것, 친구들이 소소하게 규칙을 어기는 것과 같이 학교생활에서 일어날 수 있는 다양한 일을 받아들일 수 없다. 이 또한 아스퍼거 증후군이나 자폐 성향을 가진 아이들이 보이는 행동 특성 중 하나다. 그래서 이들은 주변 사람들로부터 '융통성이 없다', '답답하다'라는 평을 듣는다.

아스퍼거 성향을 가진 청년이 과자를 구입했는데, 과자의 용량이 겉봉에 표기된 양과 다르다는 이유로 과자 회사에 항의했다. 그 청년은 포상으로 과자 한 박스를 받았고 품질 검사원으로 그 회사에 취업했다. 만 개 중에 하나인 불량 과자를 골라 낸 것이다. 이 청년은 과자나 다른 음식을 구입하면 항상 용량을 재보는 습관이 있었는데, 이날도 구입한 과자를 저울에 재어 보다가 횡재를 한 것이다.

평소에 과자나 음식물의 용량을 저울에 재는 것을 보던 많은 사람은 '유별나다'라고 청년을 비난했지만 그 유별난 행동이 청년에게 적성에 맞는 일을 얻도록 도와준 것이다.

그렇다면 이처럼 한번 정해진 규칙을 고수하려는 것은 아스퍼거 증후군만의 특성일까? 그렇지 않다. 일반인들도 일단 사람이나 사물, 사건에 대해 규정을 내리면 그 틀에서 잘 벗어나지 못한다. 틀은 우리의 이전 경험에 의해 형성되고 잘 바뀌지 않는다. 설사 자신이 가지고 있는 틀과 다른 경험을 하더라도 우리는 예외라는 것을 만들어 자신의 틀을 고수하려는 경향이 있다. 가령, '뚱뚱한 사람은 게으르다'라는 틀을 가지고 있는 사람은 뚱뚱한 사람이 부지런한 모습을 보이면 자신의 틀을 수정하기보다 지금 보이는 행동은 예외라고 생각한다.

이와 같은 현상을 실험을 통해 밝혀낸 학자가 있었다. 그는 5세, 7세, 10세의 아이들에게 받아쓰기를 하도록 하고, 종이, 칼, 자, 고무, 빵이 들어있는 상자를 준 다음 상자의 물건을 이용하여 잘못 쓴 글자를 수정하도록 지시하였다. 그러자 대부분의 10세 아이들은 지우개가 없어서 지울 수 없다며 지우는 것을 포기하였다. 그러나 다섯 살 아이들은 고무나 빵과 같은 다양한 물건으로 글자를 지우려는 시도를 하였다.

이처럼 우리는 수많은 틀로 세상의 많은 사건과 상황, 사람을 판단하고 평가한다. 다만 그 틀이 많거나 적고, 견고하거나 유연한 사람이 있을 뿐 누구나 틀은 가지고 있다. 아스퍼거 증후군은 틀이 좀 더 견고할 뿐이다. 그들의 행동이 다소 답답하게 느껴지더라도 그 행동이 가진 장점을 생각해 본다면 그들의 행동이 훨씬 이해가 잘 될 것이다.

"1등만 하고 싶어요"

민정이 어머니는 오늘도 담임 선생님의 전화를 받고 학교에 갔다. 오늘 민정이가 수학 시간에 자신의 팔과 얼굴을 피가 나도록 상처를 내서 양호실로 갔기 때문이다. 민정이는 초등학교 3학년 때부터 시험 점수나 등수가 친구보다 낮으면 화를 내며, 옆에 있는 친구를 때리거나 책상을 마구 두드렸다. 그래도 화가 풀리지 않으면 자신의 머리나 팔을 할퀴면서 "더 잘했어야 하는데……"라고 말하며 자신을 자해하였다. 민정이가 이런 행동을 할 때마다 어머니와 선생님은 "너도 잘했어", "점수가 중요한 것이 아니라 열심히 하는 것이 더 중요해"라고 민정이를 위로했다. 하지만 민정이는 자신이 원하는 점수가 아니면 자해 행동을 하였다. 자해 행동은 점점 심해져서 이제는 시험뿐 아니라 줄 서기, 이야기하기, 과제 제출하기, 게임 등 등수가 매겨지는 모든 상황에서 나타났다.

한번은 체육 시간에 운동장으로 모이라는 선생님의 지시에, 민정이는 두 번째로 운동장에 도착했다. 선생님이 민정이를 칭찬하려는 순간, 민정이 얼굴이 빨개지면서 "내가 좀 더 빨리 왔어야 하는데, 내가 왜 빨리 오지 못했지. 빨리 왔어야 하는데……"라고 말하며 막 울기 시작했다. 당황한 선생님과 반 친구들은 "민정아, 두 번째도 빠른 거야. 너보다 못한 아이들도 있잖니?"라며 민정이를 달랬지만 민정이는 오히려 그런 선생님을 때렸다. 또 한번은 엘리베이터를 탔을 때, 다른 사람이 먼저 버튼을 누르자, 그 자리에서 화를 내며 그 사람을 때렸다.

일등에 대한 민정이의 집착은 체육 시간, 식사 시간, 음악 시간, 미술 시간 등 전반적인 상황에서 나타나 다른 사람들에게 피해를 주었다.

민정이는 무엇을 원하는 것일까? 민정이 행동을 자세히 살펴보면, '일등', '잘한다', '이기다'와 같이 유능성과 관련된 말을 듣길 원하고 유능성이 좌절되면 화를 낸다. 우리도 자신이 다른 사람보다 부족하다는 생각을 하거나, 잘하고 싶은데 잘 되지 않으면 화가 난다. 그리고 그 실패의 이유를 찾게 된다. '내가 못하는 것은 선생님 때문이야', '이번 시험을 잘 못 본 것은 시험 문제가 이상해서 그래' 등 자신의 실패를 외부의 탓으로 돌리기도 하고 '시험을 못 본 것은 내가 열심히 하지 않아서 그래', '친구가 떠난 것은 내가 못생겨서 그래' 등과 같이 실패의 원인을 자기 탓으로 돌리기도 한다. 그 이유를 외부 탓으로 귀인하면 우리의 마음은 편해진다. 하지만 자신의 잘못이 아니기 때문에 자신이 좀 더 노력하거나 바꾸려고 하지 않아 자기 성장을 기대할 수 없다. 그리고 실패의 원인을 온통 자기 탓으로 귀인하면 자존감이 낮아지고 자신을 바꾸기 위해 끊임없이 노력해야 한다. 이런 사람들은 무슨 일이든지 "저의 잘못입니다", "제가 부족해서 그렇습니다"와 같은 말을 자주 사용한다. 이것도 물론 우리의 정신 건강에 좋지 않다. 이들은 항상 자신의 잘못에 민감해져 있기 때문에 자신감이 없다. 그래서 상황과 사건에 따라 적절하게 남의 탓도 하고 자기 탓도 하는 것이 좋다.

민정이도 학령기 아이들이 보통 가지고 있는 잘하고 유능하고 싶은 마음이 있다. 하지만 실패의 원인을 모두 자기 탓으로만 귀인하다 보니, 잘못한 것이 모두 자신 때문이라고 생각하여 자신에게 화가 나고 자신을 처벌하고 싶어진 것이다. 실패한 자신에게 화가 난 마음은 자연스럽다. 하지만 속상하고 화난 마음을 자해 행동으로 표현하는 방법은 다소 미성숙하다. 민정이에게 속상하고 화난 마음을 적절한 방식으로 표현하는 방법을 알려 줄 필요가 있다. 또한 모든 사람이 모든 상황에서 항상 1등을 할 수 없다는 사실도 알려 주어야 한다. 그러기 위해서는 민정이가 1등을 하지 않았을 때도 민정이의 성취와 행동에 대해 끊임없이 격려해야 한다.

정보를 처리하는 방식에는 '과잉 일반화'와 '임의적 추론'이라는 방식이 있다. 과잉 일반화는 현재 일어난 일이 현재에만 국한된 것이 아니라 모든 상황에서도 일어난다고 예측하는 것이다. 가령, 수학 시험에서 실수를 했으면 영어나 국어 시험에서도 실수할 것이라고 예측하고 기대하는 것이며, 중간고사를 망치면 앞으로 기말고사도 망칠 것이라고 기대하는 것이다. 이에 반해 임의적 추론은 판단할 때 다양한 정보를 종합하여 판단하는 것이 아니라 특정한 한두 가지의 정보만을 가지고 확대 해석하는 것이다. 가령, 내가 인사를 건넸는데 인사를 받아 주지 않는 것을 보고 상대방이 날 싫어한다고 생각하는 것과 같다. 이 두 가지의 인지적 방식은 정보를 빠르게 처리하도록 도와주는 장점이 있지만 정보를 잘못 판단할 가능성도 높여 준다. 민정이도 '일등하지 않으면 안 된다', '내가 일등 할 때만 사람들에게 사랑받을 수 있다'라는 임의적 추론 방식을 사용하고 있다. 그리고 1등에 대한 생각이 공부뿐 아니라 체육 시간에 집합하는 것, 엘리베이터 버튼 누르기 등 모든 경쟁 상황으로 과잉 일반화되었다.

민정이에게 일등을 하지 않아도 사랑받을 수 있으며, 민정이가 사랑받고 있다는 생각을 가질 수 있도록 민정이의 작은 행동도 놓치지 않고 관심과 칭찬을 아끼지 말아야 한다. 예를 들어, 시험이나 순위가 있는 활동을 할 경우에는 꼴찌에게 상을 주거나 모든 아이에게 "너는 열심히 했구나", "너는 이것을 멋지게 만들었구나" 등과 같은 다양한 이유로 아이들을 격려하는 것이 필요하다. 또한 예쁘게 자리에 앉아 있는 모습, 줄을 서서 식사를 기다리는 모습, 색종이로 여러 가지를 만드는 모습 등 민정이가 학교생활에서 보이는 모든 행동을 격려하고 칭찬해야 한다. 실제로 이 방법을 민정이에게 일주일 간 사용하였더니, 민정이는 1등을 하지 않아도 화를 내지 않았다. 민정이가 원하는 것은 1등이 아니라 다른 사람의 인정과 관심이었던 것이다.

경고 메시지

밤 11시에 김 선생님은 "7월 28일, 넌 죽을 것이다"라는 메시지를 받았다. 처음에는 너무 당황스럽고 누군가가 자신에게 안 좋은 감정을 가지고 있는 것 같아 은근히 걱정이 되었다. 그런데 다음 날 아침, 학교에 출근했더니 자신의 반에 있는 아스퍼거 증후군을 가진 형진이가 "선생님, 어제 메시지 받으셨어요?"라고 물어왔다.
형진이는 얼마 전부터 선생님에게 사과하라고 요구하였다. 그리고 며칠 전에는 김 선생님에게 '사과할 일'이라는 제목의 편지를 보낸 적이 있었다.
그 내용은 다음과 같았다.

선생님

　6월 23일, 3교시 음악 시간에 애국가를 외우지 못했다고 10번씩 쓰고 집에 가라고 하셨는데, 저는 그날 학원에 가야 해서 쓸 수 없다고 말씀드렸습니다. 그런데 선생님은 제 말을 듣지 않고 계속 쓰라고 하셨습니다. 그래서 전 꼭 학원에 가야 하기 때문에 그냥 집으로 갔었는데, 그다음 날 선생님께서 저에게 2시간 동안 교실 뒤에 서 있으라고 하셨습니다. 이건 너무 부당한 일입니다. 애국가를 외우지 못했다고 10번씩 쓰게 한 것도 부당하지만 제가 학원에 가야 한다고 분명히 3번이나 이야기를 했는데도 그다음 날 벌을 세우신 것은 정말 부당합니다.

　김 선생님은 편지를 받고 형진이에게 이 행동은 예의에 어긋난다고 가르쳐 주었다. 하지만 형진이는 선생님이 자신을 이해하지 못한다고 화를 냈고, 자신을 이해하지 못하는 선생님에게는 수업을 받을 수 없다며 수업 도중에 집으로 갔다. 그날 형진이 어머니는 형진이를 야단도 치고 학교에 갈 것을 설득도 했지만, 형진이는 선생님이 자신에게 사과할 때까지 학교에 가지 않겠다고 고집을 부리며 이틀 동안 등교를 거부하였다.

형진이는 타인의 생각과 마음을 자신의 눈으로 바라본다. 다른 사람의 기분이나 감정, 생각을 객관화하지 못하고 자신의 감정과 생각으로 사건을 해석한다. 이런 특성은 아스퍼거 증후군을 가진 아이들에게서 종종 나타나는 현상으로 '자아중심성'이라고 한다. 자아중심성은 세상의 중심이 자신이라고 생각하는 것으로, 2~3세 아이들에게 주로 나타난다. 이 나이 또래의 아이는 자신이 원하는 것은 모두 이루어진다고 생각하며 자신의 입장에서만 세상을 바라본다. 그래서 다음 사례의 수철이처럼 타인의 아픔이나 힘든 상황을 잘 이해하지 못한다.

수철이는 여럿이 먹는 음식을 자주 손으로 먹는다. 그래서 어머니가 다른 사람에게 피해를 주니 하지 말라고 주의를 주었다. 그러자 수철이는 "싫어요. 나는 손으로 먹고 싶어요"라고 말하며 계속 손으로 음식을 먹었다.

자아중심성은 나이가 들면서 타인의 입장을 고려할 수 있게 되면 사라진다. 타인이 아파하면 같이 아파해 주고 타인이 힘들어하면 위로해 줄 수 있는 마음이 생긴다. 그래서 어머니가 힘들어하면 어머니의 어깨를 주물러 주고, 동생이 아프면 옆에서 찬 물수건을 머리에 얹어 주고, 무거운 물건을 들고 가는 할머니를 보면 물건을 같이 들어주게 된다. 하지만 타인에 대한 마음을 아는 능력이 나이가 들었다고 저절로 생기는 것은 아니다. 아스퍼거 증후군을 가진 사람은 나이가 들어도 자아중심성을 탈피하지 못하는 경우도 많다.

아스퍼거 증후군을 가진 사람과 결혼한 여성분을 만난 적이 있었다. 그분은 남편이 다섯 살 된 아들과 TV 채널 권을 가지고 한 치의 양보도 없이 싸우는 모습을 보면서 잊고 지내던 남편의 장애를 깨닫게 된다고 하였다. 형진이도 자신이 학원에 가야 한다는 사실만이 중요하고 그 사실을 알아 주지 않는 선생님을 무심하게 생각한 것이다. 선생님의 입장은 고려하지 않았던 것이다.

타인의 마음을 공감하는 능력은 훈련에 의해 길러질 수 있을까? 타인의 마음을 공감하지 못해 생기는 학교 폭력, 비행, 학대 가해자들을 위한 많은 공감 프로그램이 개발되어 있다. 이 프로그램 결과에 따르면 공감 능력은 후천적으로 교육에 의해 길러질 수 있다고 한다. 형진이도 타인의 마음과 입장을 고려할 수 있도록 지속적인 공감 훈련이 필요하다. 그 방법 중 하나는 "형진아, 네가 그러면, 나는 마음이 슬퍼"와 같이 형진이에게 자신의 마음을 솔직하게 표현하는 것이다. 단, 형진이를 비난하지 않고 자신의 마음만 알려 주어야 한다.

주의력 결핍 과잉행동
문제를 가진 특별한 아이들

주의력 결핍 과잉행동장애(Attention Deficit Hyperactivity Disorder: ADHD)는 지속적으로 주의력이 부족하여 산만하고, 과다하고 충동적인 행동이 주요 특징이다. 이런 증상은 아동기는 물론 청소년기와 성인기까지 지속되기도 한다. 정확한 원인은 아직까지 밝혀지지 않았지만 대부분 중추신경계 이상으로 생각되고 있다.

ADHD는 선택적 주의 집중이 어려워서 선생님의 말을 듣고 있다가도 다른 소리가 나면 금방 시선이 옮겨가고, 시험을 보더라도 문제를 끝까지 읽지 않고 문제를 풀어 틀리는 등 한곳에 오래 집중을 하지 못한다. 또한 이들은 허락 없이 자리에서 일어나고, 뛰어다니고, 팔과 다리를 끊임없이 움직여서 '모터달린 아이'라는 별명으로도 불린다. 생각에 앞서 먼저 행동하는 경향이 많아서 규칙이나 규율을 알고 있지만 이를 어기기가 다반사다.

이런 특성은 유아기에는 젖을 잘 빨지 못하거나, 먹는 동안 칭얼거리고, 소량씩 여러 번 나누어서 먹고, 잠을 아주 적게 자거나 자더라도 자주 깬다. 떼를 많이 쓰고, 투정을 부리고, 안절부절못하거나, 과도하게 손가락을 빨거나, 머리를 박고, 몸을 앞뒤로 흔드는 행동이 나타나기도 한다. 기어다니기 시작하면 끊임없이 이리저리 헤집고 다니기도 한다.

학령기가 되면 ADHD 증상이 더욱 두드러진다. 학령기의 주요 증상을 살펴보면, 부주의, 과잉 활동성, 충동성의 3가지 증상으로 나타난다. 부주의 증상으로는 세부적인 면에 대해 면밀한 주의를 기울이지 못해 학업이나 다른 활동에서 부주의한 실수를 저지른다. 또한 일이나 놀이에 지속적으로 주의를 집중할 수 없으며, 다른 사람의 말을 경청하지 못하고 지시를 완수하지 못하거나 학용품이나 물건을 자주 잃어버린다. 과잉행동의 증상으로는 손발을 가만히 두지 못하거나 의자에 앉아서도 몸을 꼼지락거리며 항상 움직인다. 또한 부적절한 상황에서 지나치게 뛰어다니거나 기어오르며, 끊임없이 활동하거나, 자동차에 쫓기는 것처럼 행동하며, 지나치게 수다스럽게 말을 한다. 충동성의 증상으로는 질문이 끝나기 전에 대답하며, 차례를 기다리지 못하고, 다른 사람의 활동을 방해하고 간섭한다.

미국 소아정신과학회의 통계에 따르면, 학령기 아동의 ADHD 유병률은 약 3~8% 정도다. 우리나라의 경우는 역학 조사 결과 유병률이 6~8%로 나타났고, 남자아이가 여자아이보다 약 3배 정도 더 높다. 심각하지 않은 경우까지 포함하면 13%가 조금 넘는데 이런 유병률은 소아정신과 관련 질환 가운데 가장 높다.

치료 방법은 약물치료와 행동수정, 심리치료, 인지치료 등이 있는데 아이의 특성에 따라 치료 방법이 달라진다. 또한 이들은 어릴 시절부터 충동적이고 산만한 행동 때문에 야단이나 꾸중과 같은 부정적인 피드백을 자주 듣게 되어 낮은 자존감, 우울, 불안, 위축 등 심리적 문제를 겪는 경우가 많다. 그리고 주의 집중 결함이나 충동성 때문에 또래 관계가 힘들고, 또래에게 따돌림을 당하기가 쉽다. 따라서 부모를 포함한 가족, 교사, 주변 사람들의 협력적인 도움이 반드시 필요하다.

ADHD, 과연 장애일까

　'우리 아이는 좀 산만한 것 빼고는 별 문제가 없는데, 우리 아이도 장애라고 할 수 있나요?', '남자 아이들이 다 부산하고 산만한 것 아닌가요?'라며 아이가 ADHD 진단을 받으면 의문을 제기하는 부모들이 많다.

　ADHD는 아직도 논란이 많은 장애다. 미국의 정신질환의 진단 및 통계편람(DSM-5)이라는 장애를 분류하고 기술해 놓은 백과사전과 같은 책에서는 ADHD는 과잉 활동성, 부주의, 충동성을 보이는 장애로, 학교나 집단생활이 어렵고 그 문제가 아동기에만 국한된 것이 아니라 청소년기를 비롯하여 성인기까지 지속된다고 기술되어 있다.

　한편 ADHD를 현대 사회의 환경적 요인 때문에 발생하는 현대 질병이라고 주장하는 사람들도 있다. 이들에 의하면 ADHD는 태어날 때부터 에너지가 많은 아이들이다. 이로 인해 한곳에 가만히 있지 못하고 한 가지에 집중하기보다는 여러 가지를 바라보고 생각하며, 머릿속에 떠오른 생각이나 감정을 즉각적으로 표현하고, 지치지 않고 끊임없이 활동한다고 주장한다. 그래서 이들은 ADHD의 이런 특성은 옛날에는 문제가 되지 않았는데, 현대의 경쟁 사회에서만 문제가 되기 때문에 이들의 특성을 장애라고 바라보아서는 안 된다고 한다. 대신 이들의 기질적 특성이 학교, 집단 사회, 교회와 같은 특정 환경에 맞지 않는 것이라고 생각한다. 즉, ADHD와 같은 아이는 옛날에도 존재하였지만 그 당시에는 ADHD라는 진단이 존재하지 않아서 그들은 다소 활발하다거나 에너지와 호기심이 많은 아이로만 여겨지고 사회에서 자신의 역할을 잘 수행하며 살았다는 것이다. 하지만 과밀한 교실 환경, 짧은 시간 내에 수행해야 하는 과제들, 과도한 경쟁 구조와 같은 현대 사회에서는 이들의 행동이 통제하기 어렵고 예측 불가능하기 때문에 문제시된다고 주장한다.

미국의 ADHD를 위한 대안 학교인 '헌터 스쿨(Hunter School)'을 만든 한 교육자는 ADHD를 사냥꾼의 유전자를 가진 사람들이라고 주장한다. ADHD는 수렵과 사냥이 주요 생산 수단이던 시절에는 오히려 부족을 지켜 주고 생계를 유지하는 데 뛰어난 능력을 발휘할 수 있었기 때문에 부족 안에서 인정을 받았을 가능성이 높다고 한다. 하지만 현대는 고도의 집중력을 요하고, 사회 구성원 간의 갈등이나 충돌이 일어날 가능성이 높기 때문에 ADHD와 같은 특성을 가진 사람들은 적응하기에 어렵다는 것이다. 그는 에디슨과 아인슈타인 같은 사람들이 이런 유전자를 가지고 있는데,

이들은 ADHD의 특성을 잘 개발하고 살려서 자신의 분야에서 탁월한 능력을 보였다고 주장하였다. 그래서 ADHD에게는 그들에게 맞는 적절한 환경을 조성하는 것이 중요하다고 강조했다.

이와 반대로 ADHD는 뇌의 기질적 결함으로 인해 생기는 장애라고 생각하는 사람들도 있다. 이들은 ADHD의 여러 가지 특성이 사회적으로 부적응 행동을 유발한다고 생각하며, 이들의 행동을 변화시키기 위해서는 ADHD의 특성을 줄여 줄 수 있는 약물치료 및 교육이 필요하다고 주장한다.

이 두 가지의 주장 중 어느 주장이 옳다고 단정지을 수는 없다. 바라보는 사람의 관점에 따라서 ADHD를 바라보는 시각은 달라질 것이다. 다음 두 사례는 ADHD에 대한 다른 관점이 부모들의 교육관에 어떤 영향을 주는지 보여 준다.

예인이는 초등학교 입학 전에는 다소 활발하고 활동적인 아이로만 생각되었다. 그런데 초등학교 입학 후부터 수업 중에 자리에서 이탈하고, 선생님이 불러도 대답하지 않고, 운동장에 나가면 종을 쳐도 들어오지 않았다. 그리고 친구들과 자주 다투었다. 그래서 예인이는 학교에서 말썽꾸러기로 불렸다. 예인이 부모는 예인이의 행동을 이해할 수 없었다. 집에서 찰흙이나 레고로 한두 시간씩 집중하여 만들기도 하였고, TV를 보면서도 책을 읽거나 다른 사람의 대화에 끼어들 수 있어서 예인이를 능력이 많은 아이라고 생각했던 것이다. 하지만 학교에서 예인이는 말썽꾸러기로 불렸으며, 아침마다 학교에서 얌전히 생활할 것을 부모가 당부하지만 여전히 예인이는 산만한 행동 때문에 선생님에게 야단을 맞는 경우가 다반사였다. 예인이는 ADHD라는 진단을 받았다. 그리고 약물치료를 권고받았지만 예인이 부모는 약물치료보다는 다른 방법을 찾고 싶었다.

그런데 어느 날 온 가족이 바다로 놀러 갔는데, 예인이는 바다에서 행복한 미소를 지으며 몇 시간씩 다양한 조개를 주워 모양별로 분리하는 놀이에 열중했다. 그 순간 부모는 '이곳이 네가 있어야 하는 곳이구나'라는 생각이 들었다. 예인이는 바다에서는 더 이상 산만하거나 충동적인 아이가 아니었던 것이다. 그리고 규칙이 정해진 학교에서는 문제 행동을 할 수밖에 없다는 생각으로 예인이에게 맞는 교육 환경을 찾기로 결심하였다. 현재 예인이는 ADHD를 위한 대안 학교를 다니고 있으며, 자신의 능력을 충분히 발휘하여 다양한 작품을 만들어서 상을 받기도 하였다.

동호는 유치원에 입학한 후, 행동이 산만하다는 지적을 받았다. 이를 이상하게 생각한 부모는 병원을 내원하였는데, 동호는 ADHD라는 진단을 받았다. 동호의 부모는 동호의 행동을 질병이라고 인식하고 약물치료를 비롯하여 ADHD에 효과적이라고 알려져 있는 뇌파 훈련, 행동수정, 명상 등 다양한 교육과 치료를 동호에게 제공하였다. 동호는 무사히 정규 교육과정을 마치고 올해 대학에 입학하였다.

예인이와 동호의 부모는 아이를 바라보는 입장이 다르다. 예인이의 부모는 아이의 문제를 환경의 원인으로 생각하고, 동호의 부모는 개인적 원인이라고 생각한다. 문제의 원인을 어디에 두느냐에 따라 교육이나 치료 방법이 다르다. 전자의 경우는 아이의 부적응 행동을 유발하는 환경을 변화시키는 것에 초점을 두었으며, 후자의 경우는 아이의 부적응 행동을 변화시키고 없애는 것에 초점을 두었다. 이 두 접근법 중 어떤 접근법이 더 좋다고 할 수는 없다. 환경 변화를 선택한 예인이 부모는 "아이의 행복이 가장 중요하다. 아이가 환경에 맞추기보다는 아이가 즐겁고 신나게 할 수 있는 일들을 찾아 주고 싶다. 분명히 아이의 능력을 발휘할 수 있는 환경이 있을 것이다. 그것을 골라 주는 것이 부모의 역할이다"라고 하였다. 또 아이의 부적응 행동을 변화시키는 것을 선택한 동호의 부모는 "항상 입맛에 맞는 음식만을 먹고 살 수는 없다. 아이가 살아가는 세상에 아이가 적응하고 생활해야 한다"라고 하였다.

선택은 부모의 몫이다. 다만, 특정한 관점을 취하기 전에 아이의 행동을 이해하고 수용해 주고 격려하는 태도가 선행되어야 한다. 예를 들어, 아이가 학교에서 돌아다니는 것을 아이의 무능력이나 노력 부족으로 생각하여 비난하지 말고, 아이가 지루하고 자극 없는 수업 시간을 견딜 수 없어서 선택한 행동이라는 것을 이해하고 받아들여야 한다. 문제 해결이나 교육은 다음 문제다. 일단 지루한 수업 시간에 돌아다니지 않으려고 애쓴 아이의 노력을 격려하고 이를 해결할 방법을 함께 의논해야 한다.

학교 폭력, 자살, 왕따, 비행 등 다양한 학교 문제가 대두되면서

ADHD는 마치 심각한 병인 것처럼 인식되기도 한다. 하지만 ADHD는 아이의 무수한 행동 중 한 측면이지 아이 자체가 아니다. 즉, 'ADHD 김은실'이 아니라 'ADHD 특성을 가진 김은실'이다. '빈대를 잡기 위해 초가삼간을 태운다'라는 속담처럼 ADHD를 고치기 위해 아이의 자존감과 개성까지 없애지 않기를 바란다.

성인 ADHD

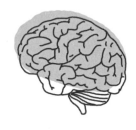

초등학교 1학년 경식이는 3년 전부터 ADHD 진단을 받고 약물치료를 받고 있다. 그런데 경식이에게는 중학교에 다니는 형이 있다. 경식이의 형은 초등학교 시절부터 학교에서 문제아로 낙인이 찍혔다. 친구들과 자주 싸우고, 선생님의 이야기 도중에 끼어들고, 다른 아이들을 방해하기 일쑤였기 때문이다. 그래서 버릇없고 반항적이라는 평을 선생님이나 친구들에게 지속적으로 들어왔다. 그런데 경식이의 형은 자신은 그런 행동을 하고 싶지 않은데 자신도 모르게 하게 된다고 하였다. 경식이의 형은 그런 자신을 무능력하고 의지가 약한 사람이라고 생각했고, 중학교 생활도 거의 자포자기한 마음으로 다니고 있다. 경식이의 형도 ADHD라는 진단을 받았다.

경식이의 부모는 형제가 모두 ADHD라는 진단을 받아 심리적으로 충격을 받았다. 특히 경식이 아버지는 이 모든 문제가 자신 때문이라는 생각이 들었다. 두 아이의 행동이 어린 시절 자신의 행동과 너무 유사하고 현재 자신도 같은 문제로 직장 생활에서 어려움을 겪고 있기 때문이다.

경식이 아버지는 50명이 넘는 직원을 둔 중소기업을 경영하신다. 그런데 경식이 아버지는 중요한 서류를 잃어버리거나, 중요한 고객과의 약속 시간과 장소를 잊어버리거나, 자동차 키나 서류 가방 등을 잃어버리는 실수를 자주 반복한다. 게다가 직원들에게 불쑥 화를 내거나 상처가 되는 말을 거침없이 해서 직원들과의 관계도 나쁘다. 또한 경식이 아버지는 하루를 커피로 시작하여 하루 10잔이 넘는 커피를 마시지 않으면 일에 집중할 수 없었다. 이런 자신이 잘 이해가 되지 않았고, 주의하려고 노력하였지만 마음처럼 행동이 따라주지 않았다. 경식이 아버지는 이런 자신이 무능력하고 어쩔 수 없는 구제불능이라는 생각 때문에 항상 우울하였다.

두 아이가 모두 자신과 비슷하다는 생각에 경식이 아버지는 병원에 내원하였다. 결과는 성인 ADHD이었다. 경식이 아버지는 남과 달라 힘들었던 어린 시절과 현재의 모습이 모두 이해가 되었다. 공부를 열심히 해도 시험을 보면 실수로 항상 낮은 점수를 받아야 했던 일, 한자리에 앉아 공부하는 친구들과 달리 집중이 되지 않아 허벅지를 옷핀으로 찔러가며 공부를 했던 고3 시절, 친구들과 선생님의 말을 잘 이해하지 못해 사오정이라고 놀림을 받았던 일, 연필이나 우산,

책가방, 필통 등 무수히 잃어버린 물건들, 실내화를 운동화로 갈아 신는 것도 잊어버리고 책가방도 없이 집으로 돌아와서 다시 학교로 갔던 무수한 날들, 아내와의 연애 시절 약속 시간을 지키지 못해 자주 싸웠던 일, 군대 시절 정리가 되지 않은 사물함 때문에 곤혹을 치렀던 일 등 힘들었던 일들이 눈앞에 스쳐갔다. 그리고 그런 자신을 무능력하고 어쩔 수 없는 구제불능이라고 자책했던 무수한 날들이 생각났다.

경식이 아버지는 성인 ADHD다. 성인 중에는 ADHD 증상을 보이는 사람들이 많지만 자신이 ADHD인 줄 모르고 살아가는 사람도 많다. 예전에는 진단 체계가 정교하지 못하고 우리 사회가 다소 활발하고 산만한 남자들에게 허용적이라 경식이 아버지와 같은 사람들을 심각하게 바라보지 않았기 때문이다. 하지만 이들은 남과 다른 자신의 행동 때문에 경식이 아버지처럼 심리적으로 힘들어한다. 이들은 공교육과 같은 환경에 적응하기 힘들다. 정해진 틀과 규칙을 따르기에는 충동성이 너무 강하고, 강의식의 교육 방식은 이들을 쉽게 지루하게 만들어 주의를 분산시키기 때문이다. 그래서 이들은 학교 규칙을 따르고 다른 아이들과 함께 살아가기 위해서는 남다른 노력이 필요하다. 가령, 수학 점수 90점을 받기 위해서 다른 아이들이 2시간 공부를 할 때, 집중이 안 되고 산만한 이들은 4시간 이상 공부해야 같은 점수를 받을 수 있다. 또 50분 동안 수업 시간에 앉아서 선생님의 말에 집중하기 위해서는 머리에 떠오르는 무수한 생각들과 싸워야 한다. 실제로 한 성인 ADHD는 선생님의 말을 듣다보면 자꾸 다른 생각이 떠올라서 자신의 뺨을 때리며 집중한 적이 있다고 하였다. 또 다른 사람은 대학 시절, 제출해야 하는 과제들을 실수로 빠트리지 않으려고 수첩에 할 일들을 적어서 하루에 몇 번씩 계속 확인하고 점검하곤 했다며, 빈틈없이 쓰인 수첩을 보여 주었다. 이처럼 성인 ADHD가 살아온 인생은 피나는 노력에 의한 결과라고 할 수 있다. 기질적으로 주의집중하기 힘들고 충동성을 조절할 수 없는 점을 극복하기 위해 무수한 노력이 필요했던 것이다. 그 과정에서 많은 성인 ADHD는 어쩔 수 없는 좌절을 겪으면서 무능력감, 우울, 분노, 불안 등 여러 가지 심리적 어려움을 경험하기도 한다. 그래서 때로는 알코올과 약물에 의존하기도 하고, 자기 학대나 자살 시도와 같은 극단적인 행동을 하기도 한다.

경식이 아버지는 학창 시절의 무수한 어려움과 자괴적인 생각들의 이유를 찾고 나서 우울감에서 벗어났다. 또한 남보다 애쓰며 살아왔던 자신의 노력을 인정하면서 자신에 대한 무능력감에서도 벗어났다.

ADHD는 장애라는 명칭이 붙는다. 장애는 그 특성이 평생 삶에 영향을 줄 수도 있다는 의미가 내포된 말이다. 그러나 ADHD가 평생 삶에 영향을 줄 수는 있지만 극복할 수 없다는 말은 아니다. 다른 사람에 비해 많은 노력이 필요하지만 ADHD는 극복할 수 있다. 경식이 아버지처럼 옷핀으로 허벅지를 찌르면서 집중하려는 노력과 잊지 않으려고 빼곡히 기록한 수첩처럼 수고로움이 필요하지만 극복할 수 있다.

필자는 공식적인 진단을 받은 것은 아니지만 학창 시절 학습장애를 의심할 만한 행동을 보였다. 초등학교 5학년까지 한글을 제대로 쓰지 못했다. 즉, 학습장애 중 쓰기장애에 해당이 되었다. 그래서 책 읽기는 어려움이 없었지만, 글자를 소리 나는 대로 쓰거나, 맞춤법이 틀리거나, 띄어쓰기를 못하였다. 아직도 생각나는 사건은 초등학교 5학년 때 받아쓰기에서 0점을 받았던 일이다. 그 전에는 30점, 40점, 잘하면 60점도 받았는데, 0점은 정말 충격적이었다. 그 시절, 학습장애에 대한 인식이 없어서 필자와 같이 받아쓰기를 못하면 학습부진이나 학습지진처럼 공부 못하는 아이로 취급하였다. 그런데 다른 과목들은 비교적 무난한 점수를 받아서 선생님들은 받아쓰기 연습을 열심히 하지 않는 게으른 아이로 필자를 생각하였다. 하지만 필자는 자신을 노력이 부족한 아이라고 생각하지 않았다. 받아쓰기 시험이 있는 전날에 무수히 연습을 하면서 글자를 그림처럼 외우느라 무던히 애썼기 때문이다. 대학 시절에는 제출한 과제에 오타가 많아서 교수님에게 성의 없다는 이야기를 들은 적도 많다. 필자는 몇 번이고 오타 검사를 했었고 분명 완벽하다고 생각하고 제출했지만 여전히 오타가 많았던 것이다. 그래서 과제를 하루 미리 작성해 친한 친구에게 저녁을 사주며 오타를 찾아 달라고 부탁하곤 했다.

글을 쓰고 있는 지금도 컴퓨터 화면은 온통 빨간 줄로 그어져 있다. 필자가 책을 쓴다고 했을 때 필자를 잘 아는 사람들은 "학습장애가 어떻게 책을 쓰지? 아마 그 글을 읽으려면 암호 해독을 해야 할 거야"라며 필자를 놀렸다. '이가 없으면 잇몸으로 산다'라는 속담처럼 필자는 학습장애를 극복하기 위해 오타 수정을 도와주는 사람이 따로 있다. 지금 이 순간에도 혹시 쓰고 있는 이 글자가 틀린 것은 아닌지 의심스럽다.

장애는 삶을 불편하게 만들지만 한계나 제한이 되지는 않는다.

청개구리

오준(7세)이는 놀이치료실에 들어서자마자 블록을 입에다 넣었다. 그리고 상담자를 쳐다보며 싱글거리며 웃었다. 오준이는 오늘 놀이치료를 처음 하는 날이다. 그런데 장난감이나 놀이에는 관심이 없고 오로지 상담자의 표정을 살피며, 블록을 입에 넣거나 장난감을 바닥에 던졌다.

오준이가 놀이치료를 받게 된 이유는 어른의 말을 일부러 어기는 행동 때문이었다. 베란다에서 창문 밖으로 물건 던지기, 수돗물 계속 틀어놓기, 침 뱉기, 찰흙이나 모래 먹기, 계단에서 친구 밀기, 친구 물건 가져다 숨기기 등 어른이 금지한 행동이나 지시를 계속 어겼다. 처음에는 호기심과 관심으로 시작한 행동이지만 어른이 하지 말라는 말을 하면 그다음부터는 어른을 골탕 먹이려는 듯 눈치를 보면서 계속 그 행동을 반복하였다. 한번은 젓가락을 입에 넣고 장난을 치고 있었는데 어머니가 위험하니 하지 말라고 하자 그 순간부터 계속 젓가락을 입에 넣고 어머니에게 "엄마, 나 젓가락 입에 넣었어요"라고 웃으며 어머니의 얼굴을 쳐다보았다. 오준이의 행동은 점점 심해져서 '청개구리'라는 별명이 생겼다. 그리고 다른 사람들에게도 이런 행동을 해 눈살을 찌푸리게 만들었다. 유치원에 입학하면 한 달이 되기 전에 강제 퇴원 낭하기가 일쑤이고, 학원에 가면 일주일을 버티기가 어려웠다.

오준이는 영유아 시절부터 활동량이 많고 산만해 주변 사람들로부터 야단을 많이 맞았다. 음식점이나 극장 같은 장소에서 이리저리 돌아다니고, 놀이터에서 차례를 지키지 않고 앞에 있는 아이를 밀어서 넘어뜨리고, 남의 물건을 허락 없이 가져오곤 해 오준이 부모의 입에서는 항상 "죄송합니다", "미안합니다"라는 말이 떠날 날이 없었다. 오준이 부모는 오준이의 행동이 단순히 아이가 산만하고 부주의해서라고 생각하고 오준이가 남에게 피해를 줄 때마다 강한 훈육을 하였다. 그럴수록 오준이의 행동은 더 심해졌다. 오준이는 ADHD와 더불어 '적대적 반항장애'라는 진단을 받았다.

적대적 반항장애는 규칙이나 규범을 고의로 어기는 아이에게 붙이는 명칭이다. 이 장애는 ADHD를 가진 아이에게 많이 나타난다. 의학 통계에 의하면, ADHD를 가진 아이 중 거의 50% 정도가 이 적대적 반항장애를 가진다고 한다. 그 원인은 여러 가지가 있지만, 그중 부모의 강압적인 양육 방식도 적대적 반항장애의

한 원인이 된다. ADHD를 가진 아이는 어릴 시절부터 산만하고 부산해 다른 사람에게 피해를 주게 되고, 그로 인해 타인의 비난을 많이 받게 된다. 특히 ADHD의 충동성과 과잉 활동성이 규범이나 규칙이 강한 환경에서는 문제 행동이 되기 때문이다. 그래서 부모는 ADHD 아이를 '일부러 말 안 듣는 아이', '자제를 못하는 아이'라고 생각해 신체적 처벌을 비롯한 강압적인 양육 방식을 사용하는 경우가 많다. 한 조사에 의하면 ADHD의 부모는 아이에게 신체적 처벌을 다른 부모에 비해 훨씬 많이 한다고 한다. 이처럼 ADHD는 어릴 시절부터 어른에게 혼나는 횟수가 잦으며, 이로 인해 화나 분노와 같은 부정적 감정을 가지게 된다.

사람은 비록 자신이 잘못했다고 하더라고 다른 사람의 비난을 지속적으로 받으면 상대방에 대한 화나 분노가 생긴다. 가령, 동생을 때린 아이에게 아이가 생각한 것보다 심한 벌을 내리거나, 동생을 때린 사건으로 "너는 왜 그 모양이냐? 왜 너는 동생을 사랑할 줄 모르냐?"와 같은 비난을 지속적으로 하면 아이는 자신의 잘못을 반성하기보다는 야단치는 부모에게 반발심이나 적개심을 가진다.

초등학교 저학년 아이들에게 부모가 야단칠 때 드는 생각과 감정을 알아본 적이 있었다. 가장 많은 내용이 '화가 난다'였다. 그 다음 순으로 '엄마가 나를 사랑하지 않는 것 같다', '막 소리를 지르고 싶다', '무시당하는 느낌이다', '가출하고 싶다' 순이었다. 부모는 훈계를 통해 아이가 진심으로 잘못을 뉘우치고 반성해 다시는 같은 잘못을 반복하지 않기를 바란다. 하지만 막상 아이는 부모의 훈계를 받으면 자신의 잘못을 반성하기보다는 훈계를 하는 부모에게 반발심이나 분노를 가지는 경우가 다반사다. 이는 특별한 아이들도 마찬가지다.

자폐 성향을 가진 소영이는 학교에서 혼잣말 때문에 선생님에게 자주 꾸중을 듣는다. 그런데 꾸중을 들은 날은 어머니에게도 학교생활을 제대로 못한다고 심하게 꾸중을 듣는다. 꾸중을 들으면 소영이는 "엄마는 저보고 제가 학교에서 이상한 행동을 해서 친구들이 장애인이라고 놀리는 거라고 하세요. 그럴 때면 전 정말 화가 나요. 엄마에게 소리도 지르고 싶고, 어떨 때는 죽고 싶은 생각이 들어요"라고 하였다.

이처럼 누군가로부터 공격을 받으면 자신을 보호하고 싶어진다. 타인의 야단과 비난은 일종의 자신을 공격하는 행동이다. 사람은 공격을 받으면 우선 상대방에 대한 분노가 생기고, 자신을 방어하기 위해 타인을 공격하게 된다.

상대방을 공격하는 형태는 다양한 방식으로 나타난다. 첫 번째는 공격한 대상을 직접적으로 공격하는 방식이다. 부모가 야단치면 부모에게 대들거나 반항하고, 소리를 지르고, 가출하고, 심하게는 부모를 때리는 행동이 이에 속한다. 두 번째는 소극적인 방식이다. 이 방식은 부모를 일부러 골탕먹이고, 부모가 금지한 것들을 고의로 어기는 것이다. 가령, 부모의 말을 못 들은 척하기, 지시 어기기, 숙제나 과제 미루기, 규칙이나 규범 어기기 등이 있다. 이를 통해 아이는 부모를 화나게 만들며, 부모의 권위에 도전한다. 이 방식은 마치 적대적 반항장애의 행동과 유사하다. 이 방식을 사용하는 아이는 오랜 시간 동안 부모의 부정적 피드백에 노출된 아이다. 즉, 강압적인 훈계와 비난, 야단을 많이 맞은 아이가 적대적 반항장애가 될 가능성이 높다는 의미다.

ADHD는 그들의 기질적인 특성 때문에 타인에게 비난이나 야단에 노출될 가능성이 높으며, 이로 인해 내면에 화나 분노를 가지고 있을 가능성이 많다. 그래서 ADHD는 적대적 반항장애를 비롯해 청소년기에는 비행이나 학교 부적응, 품행 장애와 같은 문제들을 보이는 경우가 많다. 그렇지만 모든 ADHD가 적대적이고 폭력적이며 반항적인 행동을 하는 것은 아니다. 이들의 내면에 화나 분노감이 자리하고 있는 경우에만 적대적이고 폭력적이며 반항적인 행동을 한다.

가끔 ADHD 아이를 이해와 수용으로 잘 양육한 부모들을 만나게 된다. 이들은 아이가 ADHD가 있다는 것을 먼저 인정하고 아이가 규칙이나 규범을 어기는 행동을 일부러 또는 고의로 한다고 생각하지 않는다. 그래서 아이에게 적합한 환경을 제공하고 아이와 많은 대화를 하며, 아이가 규칙이나 규범을 잘 지키려고 노력하는 모습을 격려하며 칭찬한다.

필자는 ADHD를 가진 아이의 부모에게 "ADHD는 아이가 학교를 졸업하고 자신에게 맞는 환경을 선택할 수 있을 때가 되면 사라진다. 하지만 그 때가 되었을 때 아이의 마음에 다른 사람이나 자신에 대한 화나 분노가 있다면, 아이는 계속 ADHD에 사로 잡혀 살아야 한다"라는 조언을 해 주곤 한다. ADHD는 하나의 증상이다. 증상은 시간이 지나면 사라지거나 환경이 바뀌면 사라진다. 하지만 ADHD로 인해 아이의 내면에 자신을 무능하게 생각하고 타인에게 화와 분노를 가지고 있다면, 그 부정적 마음은 사라지지 않고 아이의 삶을 지배하게 될 것이다.

칭찬도 방법이 필요하다

모든 아이에게 칭찬이 필요하지만 특히 ADHD 아이에게 칭찬은 이이의 문제 행동을 없애 주고 긍정적인 행동을 만들어 주며 자존감을 높여 준다. 켄 블랜차드의 '칭찬은 고래도 춤추게 한다'는 책 제목처럼 칭찬은 아이를 힘나고 춤추게 하지만 잘못 제시되면 독이 된다. 아이를 힘나게 하고 춤추게 하는 칭찬은 특별한 방법이 필요하다. 다음은 효과적인 칭찬을 위한 방법들이다.

구체적으로 제시한다

칭찬은 구체적이어야 한다. '잘했다', '예쁘다', '착하구나'와 같이 모호한 칭찬보다는 '글씨를 바르게 썼구나', '다른 친구를 도와 주었구나', '휴지를 주웠구나'와 같이 아이의 행동을 구체적으로 기술해야 한다. 행동을 사실적으로 기술하는 묘사적이고 해설적인 칭찬은 아이에게 자신의 행동을 바라볼 수 있는 기회를 제공하며, 칭찬하는 사람이 진심으로 자신에게 관심을 가지고 있다고 생각하게 된다.

반면에 아이의 성격이나 인격과 관련된 칭찬은 아이를 불안하게 만든다. 예를 들어, 시험을 잘 본 학생에게 "너는 머리가 좋구나"라고 칭찬하면, 다음에 시험을 잘 보지 못하면 자신은 머리가 나쁜 사람이 될 수도 있다는 불안을 가지게 된다. 머리가 좋다는 칭찬보다 "네가 이 점수를 받기 위해 열심히 공부했구나"라는 칭찬이 아이를 더 기쁘게 한다.

일관성 있게 제시한다

일관성은 칭찬뿐 아니라 훈육을 비롯해 아이를 교육하는 데 매우 중요하다. 일관성이란 동일한 행동에 동일한 칭찬을 하라는 의미다. 만약 동생을 돌봐 주는 아이에게 어떤 때는 칭찬을 하고 어떤 때는 칭찬을 하지 않는다면 아이는 혼란을 느끼게 된다. 또한 누나가 동생을 돌볼 때는 칭찬을 해 주고 자신이 동생을 돌볼 때는 칭찬을 해 주지 않는다면 아이는 혼란을 느끼게 된다.

한번은 필자의 아들이 유치원에 다닐 때 담임 선생님이 전화를 한 적이 있다. 아이가 하루 종일 휴지를 들고 자신만 따라다닌다는 것이다. 사건의 전말은 이렇다. 아이가 하루는 휴지를 휴지통에 넣었는데 그 행동을 선생님이 칭찬하였다. 그런데 다음 날 아이가 휴지를 주웠는데 선생님이 칭찬을 하지 않자, 아이는 자기가 휴지 줍는 것을 선생님이 보지 못해 칭찬을 하지 않았다고 생각하고 휴지를 들고 선생님을 쫓아다녔던 것이다.

일관성은 아이에게 자신의 행동에 대한 명확한 기준을 설정해 준다. 하지만 비일관성은 아이에게 자신의 행동을 칭찬해 줄 사람의 기분이나 생각에 맞추게 한다.

비교하는 칭찬은 하지 않는다

"형보다 네가 잘하는구나", "동희보다 착하구나", "네가 제일 멋져"와 같이 비교하는 칭찬을 받으면 기분이 어떨까? 칭찬을 받는 순간 기분이 좋아질 것이다. 하지만 '나도 누군가에게 비교당할 수 있겠구나'라는 생각이 들면서 마음속 깊은 곳에서 알 수 없는 불안이 느껴질 것이다.

칭찬할 때는 누군가와 비교하지 않고 아이의 행동만을 칭찬해야 한다. 한 아이가 수학 시험에서 90점을 받아 어머니에게 갔더니, 어머니가 "잘했다. 그런데 너희 반에 백점은 누구야?"라고 물었다고 한다. 이것은 아이에게 칭찬이 아니다. 백점을 받은 아이와 자신을 비교한 말이다. 그래서 100점을 받지 못한 아이를 비난하는 말과 마찬가지다. 다른 어머니는 "누나처럼 공부를 잘하는구나"라고 칭찬을 하였더니 아이가 갑자기 토라져서 "이제 공부 안 해요"라고 말했다고 한다. 그 이유가 자신이 공부를 열심히 해도 항상 누나보다 못하다는 생각이 들었기 때문이라고 하였다.

아이는 다른 사람과 비교당하고 평가당하기보다는 자신만의 능력, 성취, 행동을 인정받기를 원한다.

성취보다는 과정에 초점을 둔 칭찬을 한다

칭찬은 상대방을 치켜세워 주는 좋은 방법이지만 "너는 공부를 잘 한다", "글씨가 참 예쁘다"와 같은 칭찬은 성취에 대해 평가다. 성취는 아이가 속한 환경과 상황에 따라 달라질 수 있다. 가령, 아이가 공부를 잘하는 집단에 들어가면 아이는 공부를 못하는 아이가 될 수도 있으며, 공부를 못하는 집단에 들어가면 아이는 공부를 잘하는 아이가 될 수도 있다. 성취는 절대적 기준이 아니라 상대적인 기준이다. 상대적 기준은 칭찬하는 사람의 관점에 따라 달라진다. 자신의 행동에 대한 기준이 달라지면 아이는 불안을 느낀다. 언제든 지금 듣는 칭찬은 사라질 수 있기 때문이다.

한번은 딸과 인라인을 타러 공원에 간 적이 있다. 처음 배우는 인라인이라 자주 넘어지고 서툴지만, 딸을 격려하기 위해 잘한다고 칭찬을 해 주었다. 그런데 신나게 인라인을 타던 딸이 갑자기 시무룩해져서 "엄마, 우리 다른 곳으로 가자"라고 했다. 그 이유를 물어보자, 주변에 인라인을 타는 다른 아이들을 손가락으로 가리키며, "나보다 저 아이들이 더 잘 타요"라고 말했다. 그 순간 아이도 자신의 성취와 능력을 객관적으로 평가할 수 있는 능력이 있다는 것을 깨달았다. 따라서 '잘했어' 보다는 '열심히 하는구나', '노력 하는구나'와 같이 과정에 초점을 둔 칭찬이 바람직하다.

칭찬은 진심을 담아야 한다

칭찬은 고래도 춤추게 할 정도로 아이를 힘나게 한다고 모든 사람은 믿고 있다. 그래서 아이에게 칭찬을 많이 하려고 한다. 아이는 칭찬의 홍수 속에 살고 있다 해도 과언이 아니다. 하지만 아이는 말뿐인 칭찬과 진심이 담긴 칭찬을 구별할 수 있다. 예를 들어, "참 귀엽게 생겼다"라는 말이 진심인지, 인사치레인지 아이들은 잘 안다. 아이에게 칭찬을 하고 싶다면, 진심을 담아서 칭찬하라.

저자 소개

김은실

대학에서 심리학을 전공하고 대학원에서 교육학을 전공하여 박사학위를 받았다. 자폐아동 교육기관에서 근무하기 시작해 이후 20여 년간 아동과 청소년을 상담했고, 이러한 경험을 바탕으로 학생과 성인(부모, 교사, 교수)이 서로의 마음을 이해할 수 있도록 하기 위한 연구 및 저술 활동, 강연, 워크숍 등을 진행하고 있다. 김은실 아동발달센터 소장 및 심리상담전문컨설팅 마음샘 대표를 역임하였으며, 현재 남서울대학교 아동복지학과 교수이자, 학생생활상담센터 소장으로 재직하고 있다.

주요 저서로는 아이들의 행복 키워드: 민감성(공저, 마음샘, 2011), 아이들의 자존감을 높여 주는 셀프업: 자존감 향상 프로그램(공저, 마음샘, 2012), 자존감 향상 프로그램(공저, 학지사, 2015) 등이 있다.

사례를 통해 이해하는
특별한 아이의 마음 읽기

2017년 1월 20일 1판 1쇄 발행
2018년 12월 5일 1판 2쇄 발행

지은이 • 김 은 실
펴낸이 • 김 진 환
펴낸곳 • (주)**학지사**
  04031 서울특별시 마포구 양화로 15길 20 마인드월드빌딩 5층
대표전화 • 02) 330-5114   팩스 • 02) 324-2345
등록번호 • 제313-2006-000265호
홈페이지 • http://www.hakjisa.co.kr
페이스북 • https://www.facebook.com/hakjisabook

ISBN 978-89-997-1098-8   03180

정가 14,000원

이 도서의 국립중앙도서관 출판시도서목록(CIP)은 서지정보유통지원시스템
홈페이지(http://seoji.nl.go.kr)와 국가자료공동목록시스템(http://www.nl.go.kr/kolisnet)
에서 이용하실 수 있습니다.
(CIP제어번호: CIP2016023889)

교육문화출판미디어그룹 **학지사**
학술논문서비스 **뉴논문** www.newnonmun.com
심리검사연구소 **인싸이트** www.inpsyt.co.kr
원격교육연수원 **카운피아** www.counpia.com
간호보건의학출판 **학지사메디컬** www.hakjisamd.co.kr